LA MERE
CONFIDENTE.

COMEDIE EN TROIS ACTES.

De M. De Marivaux.

Représentée le 9. May 1735. par les
Comédiens Italiens.

A PARIS,

Chez PRAULT Fils, Quay de Conty,
vis-à-vis la descente du Pont-Neuf,
à la Charité.

M. DCC. XXXV.

Avec Approbation & Privilege du Roy.

ACTEURS.

Me. ARGANTE.

ANGELIQUE, sa Fille.

LISETTE, sa Suivante.

DORANTE, Amant d'Angelique.

ERGASTE, son Oncle.

LUBIN, Paysan, Valet de Me. Argante.

La Scene se passe à la Campagne chez Me. Argante.

LA MERE CONFIDENTE.

ACTE PREMIER.

SCENE PREMIERE.

DORANTE, LISETTE.

DORANTE.

Q Uoi, vous venez fans Angelique, Lifette?

LISETTE.

Elle arrivera bien-tôt, elle eft avec fa mere, je lui ai dit que j'allois toûjours devant, & je ne me fuis hâté que pour avoir avec vous un moment d'entretien, fans qu'elle le fçache.

DORANTE.

Que me veux-tu, Lifette?

LISETTE.

Ah ça, Monfieur, nous ne vous con-
noiffons, Angelique & moi, que par un
avanture de promenade dans cette campagne.

DORANTE.

Il eft vrai.

LISETTE.

Vous êtes tous deux aimables, l'amour
s'eft mis de la partie, cela eft naturel,
mais voilà fept ou huit entrevûës que
nous avons avec vous à l'infçu de tout
le monde, la mere à qui vous êtes in-
connu pourroit à la fin en apprendre
quelque chofe, toute l'intrigue retom-
beroit fur moi, terminons; Angelique
eft riche, vous êtes tous deux d'une égale condition, à ce que vous dites, enga-
gez vos parens à la demander pour vous
en mariage, il n'y a pas même de temps
à perdre.

DORANTE.

C'eft ici où gît la difficulté.

LISETTE.

Vous auriez de la peine à trouver un
meilleur parti, au moins.

DORANTE.

Eh ! il n'eft que trop bon.

LISETTE.

Je ne vous entends pas.

DORANTE.

Ma famille vaut la sienne, sans contredit, mais je n'ai pas de bien, Lisette.

LISETTE *étonnée*.

Comment ?

DORANTE.

Je dis les choses comme elles sont, je n'ai qu'une très-petite légitime.

LISETTE *brusquement*.

Vous? tantpis, je ne suis point contente de cela, qui est-ce qui le devineroit à votre air ? quand on n'a rien, faut-il être de si bonne mine ? vous m'avez trompée, Monsieur.

DORANTE.

Ce n'étoit pas mon dessein.

LISETTE.

Cela ne se fait pas, vous dis-je, que diantre voulez-vous qu'on fasse de vous? vraiment Angelique vous épouseroit volontiers, mais nous avons une mere qui ne sera pas tentée de votre légitime, & votre amour ne nous donneroit que du chagrin.

DORANTE.

Eh, Lisette, laisse aller les choses, je t'en conjure, il peut arriver tant d'ac-

A iij

cidents, fi je l'épouſe, je te jure d'honneur que je te ferai ta fortune, tu n'en peux eſperer autant de perſonne, & je tiendrai parole.

LISETTE.

Ma fortune ?

DORANTE.

Oüi, je te le promets, ce n'eſt pas le bien d'Angelique qui me fait envie, ſi je ne l'avois pas rencontrée ici, j'allois à mon retour à Paris épouſer une veuve très-riche, & peut-être plus riche qu'elle, tout le monde le ſçait, mais il n'y a plus moyen, j'aime Angelique, & ſi jamais tes ſoins m'uniſſoient à elle, je me charge de ton établiſſement.

LISETTE *rêvant un peu.*

Vous êtes ſéduiſant ; voilà une façon d'aimer qui commence à m'intereſſer, je me perſuade qu'Angélique ſeroit bien avec vous.

DORANTE.

Je n'aimerai jamais qu'elle !

LISETTE.

Vous lui ferez donc ſa fortune auſſi-bien qu'à moi ; mais Monſieur vous n'avez rien, dites-vous ? cela eſt bien dur, n'heritez-vous de perſonne, tous vos parens ſont-ils ruinez ?

DORANTE.

Je fuis le neveu d'un homme qui a de très-grands biens, qui m'aime beaucoup & qui me traite comme un fils.

LISETTE.

Eh ! que ne parlez-vous donc ? d'où vient me faire peur avec vos triftes récits , pendant que vous en avez de fi confolants à faire ? un Oncle riche, voilà qui eft excellent ; & il eft vieux fans doute, car ces Meffieurs-là ont coutume de l'être.

DORANTE.

Oüi , mais le mien ne fuit pas la coutume, il eft jeune.

LISETTE.

Jeune ! & de quelle jeuneffe encore ?

DORANTE.

Il n'a que trente-cinq ans.

LISETTE.

Miféricorde ! trente-cinq ans , cet homme-là n'eft bon qu'à être le neveu d'un autre.

DORANTE.

Il eft vrai.

LISETTE.

Mais, du moins eft-il un peu infirme ?

DORANTE.

Point du tout, il fe porte à merveille,

A iiij

il eſt, grace au Ciel, de la meilleure ſanté du monde, car il m'eſt cher.

LISETTE.

Trente-cinq ans & de la ſanté, avec un degré de parenté comme celui-là, le joli parent; & quelle eſt l'humeur de ce galant homme?

DORANTE.

Il eſt froid, ſerieux & Philoſophe.

LISETTE.

Encore paſſe, voilà une humeur qui peut nous dédommager de la vieilleſſe & des infirmités qu'il n'a pas, il n'a qu'à nous aſſûrer ſon bien.

DORANTE.

Il ne faut pas s'y attendre; on parle de quelque mariage en campagne pour lui.

LISETTE ſ'écriant.

Pour ce Philoſophe? il veut donc avoir des héritiers en propre perſonne?

DORANTE.

Le bruit en court.

LISETTE.

Oh, Monſieur, vous m'impatientez avec votre ſituation, en verité, vous êtes inſupportable, tout eſt déſolant avec vous de quelque côté qu'on ſe tourne.

DORANTE.

Te voilà donc dégoûtée de me fervir.

LISETTE *vivement*.

Non, vous avez un malheur qui me pique, & que je veux vaincre ; mais retirez-vous, voici Angelique qui arrive, je ne lui ai pas dit que vous viendriez ici, quoiqu'elle s'attende bien de vous y voir, vous reparoîtrez dans un inftant, & ferez comme fi vous arriviez, donnez-moi le tems de l'inftruire de tout, j'ai à lui rendre compte de votre perfonne, elle m'a chargée de fçavoir un peu de vos nouvelles, laiffez-moi faire.

Dorante fort.

SCENE II.

ANGELIQUE, LISETTE.

LISETTE.

JE défefperois que vous vinffiez, Madame.

ANGELIQUE.

C'eft qu'il eft arrivé du monde à qui j'ai tenu compagnie ; eh bien Lifette,

as-tu quelque chofe à me dire de Dorante? as-tu parlé de lui à la Concierge
du château où il eft?

LISETTE.

Oui, je fuis parfaitement informé,
Dorante eft un homme charmant, un
homme aimé, eftimé de tout le monde,
en un mot le plus honnête homme qu'-
on puiffe connoître.

ANGELIQUE.

Hélas! Lifette, je n'en doutois pas,ce-
la ne m'apprend rien, je l'avois devi-
né.

LISETTE.

Oui, il n'y a qu'à le voir pour avoir
bonne opinion de lui, il faut pourtant
le quitter, car il ne vous convient pas.

ANGELIQUE.

Le quitter! quoi, après cet éloge!

LISETTE.

Oui, Madame, il ne'ft pas votre fait.

ANGELIQUE.

Ou vous plaifantez, ou la tête vous
tourne.

LISETTE.

Ni l'un ni l'autre, il a un défaut terrible.

ANGELIQUE.

Tu m'effrayes.

LISETTE.

Il eſt ſans bien.

ANGELIQUE.

Ah, je reſpire ! n'eſt-ce que cela ? explique-toi donc mieux, Liſette, ce n'eſt pas un défaut, c'eſt un malheur, je le regarde comme une bagatelle moi.

LISETTE.

Vous parlez juſte ; mais nous avons une mere, allez la conſulter ſur cette bagatelle-là, pour voir un peu ce qu'elle vous répondra ; demandez-lui ſi elle ſera d'avis de vous donner Dorante ?

ANGELIQUE.

Et quel eſt le tien là-deſſus, Liſette ?

LISETTE.

Oh ! le mien, c'eſt une autre affaire, ſans vanité je penſerois un peu plus noblement que cela, ce ſeroit une fort belle action que d'épouſer Dorante.

ANGELIQUE.

Va, va, ne ménage pas mon cœur, il n'eſt pas au-deſſous du tien, conſeille-moi hardiment une belle action.

LISETTE.

Non pas, s'il vous plaît, Dorante eſt un cadet, & l'uſage veut qu'on le laiſſe là.

ANGELIQUE.

Je l'enrichirois donc ? quel plaifir !

LISETTE.

Oh ! vous en direz tant que vous me tenterez.

ANGELIQUE.

Plus il me devroit , & plus il me feroit cher.

LISETTE.

Vous êtes tous deux les plus aimables enfans du monde; car il refufe auffi à caufe de vous une Veuve très-riche , à ce qu'on dit.

ANGELIQUE.

Lui ! eh bien , il a eu la modeftie de s'en taire , c'eft toujours de nouvelles qualités que je lui découvre.

LISETTE.

Allons , Madame , il faut que vous époufiez cet homme-là, le ciel vous deftine l'un à l'autre , cela eft vifible , rappellez votre avanture : nous nous promenons toutes deux dans les allées de ce bois , il y a mille autres endroits pour fe promener , point du tout , cet homme qui nous eft inconnu , ne vient qu'à celui-ci, parce qu'il faut qu'il nous rencontre, qu'y faifiez-vous ? vous lifiez, qu'y faifoit-il ? il lifoit , y a-t'il rien de plus marqué ?

ANGELIQUE.

Effectivement.

LISETTE.

Il vous saluë, nous le saluons, le lendemain même promenade, mêmes allées, même rencontre, même inclination des deux côtez, & plus de livres de part & d'autres, cela est admirable.

ANGELIQUE.

Ajoutes, que j'ai voulu m'empêcher de l'aimer, & que je n'ai pû en venir à bout.

LISETTE.

Je vous en défierois.

ANGELIQUE.

Il n'y a plus que ma Mere qui m'inquiete, cette Mere qui m'idolâtre, qui ne m'a jamais fait sentir que son amour, qui ne veut jamais que ce que je veux.

LISETTE.

Bon, c'est que vous ne voulez jamais que ce qui lui plaît.

ANGELIQUE.

Mais si elle fait si bien, que ce qui lui plaît me plaise aussi, n'est-ce pas comme si je faisois toujours mes volontés?

LISETTE.

Est-ce que vous tremblez déja?

ANGELIQUE.

Non, tu m'encourages, mais c'eſt ce miſerable bien que j'ai, & qui me nuira : ah ! que je ſuis fâchée d'être ſi riche.

LISETTE.

Ah ! le plaiſant chagrin. Eh ! ne l'êtes-vous pas pour vous deux?

ANGELIQUE.

Il eſt vrai, ne le verrons-nous pas au-jourd'hui ; quand reviendra-t'il ?

LISETTE *regarde ſa montre.*

Attendez, je vais vous le dire.

ANGELIQUE.

Comment, eſt-ce que tu lui as donné rendez-vous ?

LISETTE.

Oui, il va venir, il ne tardera pas deux minuttes, il eſt exact.

ANGELIQUE.

Vous n'y ſongez pas, Liſette, il croi-ra que c'eſt moi qui le lui ai fait donner.

LISETTE.

Non, non, c'eſt toujours avec moi qu'il les prend, & c'eſt vous qui les te-nez ſans le ſçavoir.

ANGELIQUE.

Il a fort bien fait de ne m'en rien dire, car je n'en aurois pas tenu un ſeul, & comme vous m'avertiſſez de celui-ci, je

ne fçai pas trop fi je puis refter avec bien-
féeance, j'ai prefque envie de m'en aller.

LISETTE.

Je crois que vous avez raifon, allons,
partons, Madame.

ANGELIQUE.

Une autrefois quand vous lui direz de
venir, du moins ne m'avertiffez pas,
voilà tout ce que je vous demande.

LISETTE.

Ne nous fâchons pas, le voici.

SCENE III.

DORANTE, ANGELIQUE, LISETTE, LUBIN *éloigné*.

ANGELIQUE.

JE ne vous attendois pas au moins, Dorante.

DORANTE.

Je ne fçais que trop que c'eft à Lifette que j'ai l'obligation de vous voir
ici, Madame.

LISETTE *fans regarder*.

Je lui ai pourtant dit que vous viendriez.

ANGELIQUE.

Oui , elle vient de me l'apprendre tout
à l'heure.

LISETTE.

Partant tout à l'heure.

ANGELIQUE.

Taisez-vous , Lisette.

DORANTE.

Me voyez-vous à regret , Madame ?

ANGELIQUE.

Non , Dorante, si j'étois fâchée de
vous voir , je fuirois les lieux où je
vous trouve , & où je pourrois soupçon-
ner de vous rencontrer.

LISETTE.

Oh , pour cela , Monsieur , ne vous
plaignez pas , il faut rendre justice à Madame, il n'y a rien de si obligeant que les
discours qu'elle vient de me tenir sur votre compte.

ANGELIQUE.

Mais en verité , Lisette...

DORANTE.

Eh, Madame, ne m'enviez pas la joye
qu'elle me donne.

LISETTE.

Où est l'inconvenient de répeter des
choses qui ne font que loüables ; pourquoi ne sçauroit-il pas que vous êtes
charmée

charmée que tout le monde l'aime &
l'estime? y a-t'il du mal à lui dire le plaisir que vous vous proposez à le venger
de la fortune, à lui apprendre que la
fienne vous le rend encore plus cher?
Il n'y a point à rougir d'une pareille façon de penser, elle fait l'éloge de votre
cœur.

DORANTE.

Quoi! charmante Angelique, mon
bonheur iroit-il jusques-là ? oserois-je
ajouter foi à ce qu'elle me dit ?

ANGELIQUE.

Je vous avouë qu'elle est bien étour-
die.

DORANTE.

Je n'ai que mon cœur à vous offrir,
il est vrai, mais du moins n'en fut-il jamais de plus pénétré ni de plus tendre.

Lubin paroît dans l'éloignement.

LISETTE.

Doucement, ne parlez pas si haut, il
me semble que je vois le neveu de notre Fermier qui nous observe, ce grand
beneft-là, que fait-il ici ?

ANGELIQUE.

C'est lui-même, ah! que je suis inquiet-
te, il dira tout à ma Mere ; adieu, Dorante, nous nous reverrons, je me

B

fauve, retirez - vous auffi.

Elle fort.
Dorante veut s'en aller.

LISETTE *l'arrêtant.*

Non, Monfieur, arrêtez, il me vient une idée, il faut tâcher de le mettre dans nos interêts, il ne me hait pas.

DORANTE.

Puifqu'il nous a vû, c'eft le meilleur parti.

SCENE IV.

DORANTE, LISETTE, LUBIN.

LISETTE *à Dorante.*

LAiffez-moi faire; ah te voilà, Lubin, à quoi donc t'amufes-tu-là ?

LUBIN.

Moi, d'abord je faifois une promenade, à prefent je regarde.

LISETTE.

Et que regardes-tu ?

LUBIN.

Des oyfiaux, deux qui reftont, & un qui viant de prenre fa volée, & qui eft le plus joli de tous *(regardant Dorante)* en vela un qui eſt bian joli itou , & jarnigué ils profiteront bian avec vous, car vous les ſiflez comme un charme , Mademoiſelle Liſette.

LISETTE.

C’eſt-à-dire , que tu nous as vû , Angelique & moi parler à Monſieur.

LUBIN.

Oh oui , jons tout vû à mon aiſe , jons mêmement entendu leur petit ramage.

LISETTE.

C’eſt le hazard qui nous a fait rencontrer Monſieur , & voilà la premiere fois que nous le voyons.

LUBIN.

Morgué qualle a bonne meine cette premiere fois là , alle reſſemble à la vingtiéme.

DORANTE.

On ne ſçauroit ſe diſpenſer de ſaluer une Dame , quand on la rencontre , je penſe.

LUBIN riant.

Ha ha ha ! vous tirez donc voutre reverence en paroles , vous convarſez depuis un quart d’heure , appellez-vous ça un coup de chapiau.

LISETTE.

Venons au fait, ferois-tu d'humeur d'entrer dans nos interêts.

LUBIN.

Peut-être qu'oui, peut-être que non, ce fera fuivant les magneres du monde, il gnia que ça qui regle, car j'aime les magnieres moi.

LISETTE.

Hé bien, Lubin, je te prie inflamment de nous fervir.

DORANTE *lui donne de l'argent.*

Et moi je te paye pour cela.

LUBIN.

Je vous baille donc la parfarance, redite voute chance, alle fera pû bonne ce coup-ci que l'autre, d'abord c'eft une rencontre n'eft-ce pas, ça fe pratique, il n'y a pas de malhonnêteté à rencontrer les parfonnes.

LISETTE.

Et puis on fe falue.

LUBIN.

Et pis, queuque bredouille au bout de la reverence, c'eft itou ma cotume, toujours je bredouille en faluant, & quand ça fe paffe avec des femmes, faut bian qualles répondent deux parolles pour une, les hommes parlent, les

femmes babillent , allez voute chemin ,
vela qui eſt fort bon , fort raiſonnable
& fort civil ; oh ça , la rencontre , la ſa-
lutation , la demande & la réponſe tout
ça eſt payé, il n'y a pûs qu'à nous accom-
moder pour le courant.

DORANTE.

Voilà pour le courant.

LUBIN.

Courez donc tant que vous pourrez ;
ce que vous attraperez c'eſt pour vous,
je n'y prétend rin , pourvû que j'attrape
itou. Sarviteur; il n'y a morgué parſonne de ſi agriable à rencontrer que vous.

LISETTE.

Tu feras donc de nos amis à pré-
ſent.

LUBIN.

Tatigué oui , ne m'épargnez pas, toute mon amiquié eſt à voute farvice au
meſme prix.

LISETTE.

Puiſque nous pouvons compter ſur
toi, veux-tu bien actuellement faire le guet
pour nous avertir en cas que quelqu'un
vienne , & furtout Madame.

LUBIN.

Que vos parſonnes ſe tiennent en
paix , je vous garantis des paſſans une

lieuë à la ronde.

Il fort.

SCENE V.

DORANTE, LISETTE.

LISETTE.

PUifque nous voici feuls un moment, parlons encore de votre amour, Monfieur, vous m'avez fait de grandes promeffes en cas que les chofes réuffiffent ; mais comment réuffiront-elles ? Angelique eft une héritiere, & je fçai les intentions de la Mere, quelque tendreffe qu'elle ait pour fa fille qui vous aime, ce ne fera pas à vous à qui elle la donnera, c'eft de quoi vous devez être bien convaincu ; or cela fuppofé, que vous paffe-t'il dans l'efprit là-deffus ?

DORANTE.

Rien encore, Lifette. Je n'ai jufqu'ici fongé qu'au plaifir d'aimer Angelique.

LISETTE.

Mais ne pourriez-vous pas en même tems fonger à faire durer ce plaifir ?

DORANTE.

C'eſt bien mon deſſein ; mais comment s'y prendre ?

LISETTE.

Je vous le demande.

DORANTE.

J'y rêverai, Liſette.

LISETTE.

Ah ! vous y rêverez, il n'y a qu'un petit inconvenient à craindre, c'eſt qu'on ne marie votre maîtreſſe pendant que vous rêverez à la conſerver.

DORANTE.

Que me dis-tu-là, Liſette, j'en mourrois de douleur.

LISETTE.

Je vous tiens donc pour mort.

DORANTE *vivement.*

Eſt-ce qu'on la veut marier ?

LISETTE.

La partie eſt toute liée avec la Mere, il y a déja un époux d'arrêté, je le ſçai de bonne part.

DORANTE.

Eh ! Liſette, tu me déſeſperes, il faut abſolument éviter ce malheur-là.

LISETTE.

Ah ! ce ne ſera pas en diſant j'aime,

& toujours j'aime , n'imaginez - vous
rien ?

DORATTE.

Tu m'accables,

SCENE VI.

LUBIN , LISETTE, DORANTE.

LUBIN *accourt.*

GAgnez pays mes bons. amis , fau-
vez-vous, vela l'ennemi qui s'a-
vance.

LISETTE.

Quel ennemi ?

LUBIN.

Morgué, le plus méchant , c'eft la
Mere d'Angelique.

LISETTE *à Dorante.*

Eh vifte, cachez-vous dans le bois ,
je me retire.

Elle fort.

LUBIN.

Et moi je ferai femblant d'être fans ma-
lice.

SCENE VII.

SCENE VII.

LUBIN, MADAME ARGANTE.

Me. ARGANTE.

AH ! c'eſt toi Lubin, tu es tout ſeul, il me ſembloit avoir entendu du monde.

LUBIN.

Non, noute maîtreſſe, ce n'eſt que moi qui me parle & qui me repart, à celle fin de me tenir compagnie, ça amuſe.

Me. ARGANTE.

Ne me trompes-tu point ?

LUBIN.

Pargué, je ſerois donc un fripon ?

Me. ARGANTE.

Je te crois, & je ſuis bien aiſe de te trouver, car je te cherchois ; j'ai une commiſſion à te donner, que je ne veux confier à aucun de mes gens, c'eſt d'obſerver Angelique dans ſes promenades, & de me rendre compte de ce qui s'y paſſe ; je remarque que depuis quelque temps elle ſort ſouvent à la même heure avec Liſette, & j'en voudrois ſçavoir la raiſon.

C

LUBIN.

C'a eſt fort raiſonnable , vous me baillez donc une charge d'eſpion.

Me. ARGANTE.

A peu-près.

LUBIN.

Je ſçavons bian ce que c'eſt , j'ons la pareille.

Mc. ARGANTE.

Toi !

LUBIN.

Oüi , ça eſt fort lucratif , mais c'eſt qu'ou venez un peu tard , noute maî-treſſe , car je ſis retenu pour vous eſpion-ner vous même.

Me. ARGANTE à part.

Qu'entens-je ? moi , Lubin ?

LUBIN.

Vraiment oüi , quand Mademoiſelle Angelique parle en cachette à ſon amou-reux , c'eſt moi qui regarde ſi vous ne venez pas.

Mc. ARGANTE.

Ceci eſt ſérieux ; mais vous êtes bien hardi , Lubin , de vous charger d'une pareille commiſſion.

LUBIN.

Pardi , y a-t'il du mal à dire à cette jeuneſſe , vela Madame qui viant , la

vela qui ne viant pas , ça empêche-t'il
que vous ne veniez ou non , je n'y entens pas de fineſſe.

Me. ARGANTE.

Je te pardonne , puiſque tu n'as pas cru
mal faire , à condition que tu m'inſtrui-
ras de tout ce que tu verras , & de tout
ce que tu entendras.

LUBIN.

Faura donc que j'acoute , & que je
regarde , ce ſera moiquié pu de beſogne
avec vous qu'avec eux.

Me. ARGANTE

Je conſens même que tu les avertiſſes
quand j'arriverai , pourvû que tu me
rapportes tout fidellement , & il ne te
ſera pas difficile de le faire, puiſque tu
ne t'éloignes pas beaucoup d'eux.

LUBIN.

Eh ſans doute , je ſerai tout porté
pour les nouvelles , ça me ſera commo-
de , auſſi-tôt pris , auſſi-tôt rendu.

Me. ARGANTE.

Je te deffens , ſur-tout , de les infor-
mer de l'emploi que je te donne , comme tu m'as informé de celui qu'ils t'ont
donné , garde-moy le ſecret.

LUBIN.

Drès qu'ou voulez qu'en le garde ;

en le gardera ; s'ils me l'avions rec om-
mandé, j'aurions fait de même, ils n'a-
vions qu'à dire.

Me. ARGANTE.

N'y manque pas à mon égard, & puisqu'ils ne se soucient point que tu gardes
le leur, acheve de m'instruire, tu n'y
perdras pas.

LUBIN.

Premiérement, en lieu de par dre avec
eux j'y gagne.

Me. ARGANTE.

C'est-à-dire qu'ils te payent.

LUBIN.

Tout juste.

Me. ARGANTE.

Je te promets de faire comme eux
quand je serai rentrée chez moi.

LUBIN.

Ce que j'en dis n'est pas pour porter
exemple, mais ce qu'ou ferez sera toûjours bian fait.

Me. ARGANTE.

Ma fille a donc un amant ? quel est-
il ?

LUBIN.

Un biau jeune homme fait comme une
marveille, qui est liberal, qui a un air,
une présentation, une philosomie, dame

c'eſt ma meine à moi, ce ſera la vôtre itou, il n'y a pas de garçon pu gracieux à contempler, & qui fait l'amour avec des paroles ſi douces, c'eſt un plaiſir que de l'entendre débiter ſa petite marchandiſe, il ne dit pas un mot qu'il n'adore.

Mᵉ. ARGANTE.

Et ma fille que lui répond-t'elle?

LUBIN.

Voute fille, mais je penſe que biantôt ils s'adoreront tous deux.

Mᵉ. ARGANTE.

N'as-tu rien retenu de leurs diſcours?

LUBIN.

Non qu'une petite miette, je n'ay pas de moyen ce ly fait-il, & moi j'en ay trop cely fait-elle; mais l'y dit-il j'ai le cœur ſi tendre; mais l'y dit-elle, qu'eſt-ce que ma mere s'en ſouciera; & pis là deſſus ils ſe l'amentons ſur le plus, ſur le moins, ſur la pauvreté de l'un, ſur la richeſſe de l'autre, ça fait des regrets bian touchans.

Mᵉ. ARGANTE.

Quel eſt ce jeune homme?

LUBIN.

Attendez, il m'eſt avis que c'eſt Dorante, & comme c'eſt un voiſin, en peut

C iij

l'appeller le voifin Dorante.

Me. ARGANTE.

Dorante ? ce nom-là ne m'eft pas in-connu, comment fe font-ils vûs ?

LUBIN.

Ils fe font vûs en fe rencontrant, mais ils ne fe rencontrent plus, ils fe treu-vent.

Me. ARGANTE.

Et Lifette eft-elle de la partie ?

LUBIN.

Morgué oüi, c'eft leur Capitaine, alle a le gouvarnement des rencontres, c'eft un tréfor pour des amoureux que cette fille-là.

Me. ARGANTE.

Voici ce me femble ma fille qui feint de fe promener & qui vient à nous, retire-toi Lubin, continuë d'obferver & de m'inftruire avec fidelité, je te recom-penferai.

LUBIN.

Oh que oüi, Madame, ce fera au lo-gis il n'y a pas loin.

Il fort,

SCENE VIII.

M_e. ARGANTE, ANGELIQUE.

M_e. ARGANTE.

JE vous demandois à Lubin, ma fille.

ANGELIQUE.

Avez-vous à me parler, Madame ?

M. ARGANTE.

Oüi: vous connoissez Ergaste, Angelique, vous l'avez vû souvent à Paris, il vous demande en mariage.

ANGELIQUE.

Lui, ma mere, Ergaste, cet homme
si sombre, si férieux, il n'est pas fait
pour être un mari ce me semble.

M^e. ARGANTE.

Il n'y a rien à redire à sa figure.

ANGELIQUE.

Pour sa figure je la lui passe, c'est
à quoi je ne regarde guere.

M^e. ARGANTE.

Il est froid.

ANGELIQUE.

Dites glacé, taciturne, mélancoli-
que, rêveur & triste.

C iiij

Me. ARGANGE.

' Vous le verrez bien-tôt , il doit venir
ici , & s'il ne vous accommode pas ,
vous ne l'épouferez pas malgré vous ,
ma chere enfant , vous fçavez bien comme nous vivons enfemble.

ANGELIQUE.

Ah ma mere , je ne crains point de vio-
lence de votre part , ce n'eſt pas là ce qui
m'inquiéte.

Me. ARGANTE.

Es-tu bien perfuadée que je t'aime?

ANGELIQUE.

Il n'y a point de jour qu'il ne m'en
donne des preuves.

Me. ARGANTE.

Et toi ma fille m'aimes-tu autant ?

ANGELIQUE.

Je me flatte que vous n'en doutez pas
affurément.

Me. ARGANTE.

Non , mais pour m'en rendre encore
plus fure , il faut que tu m'accordes une
grace.

ANGELIQUE.

Une grace ma mere , voilà un mot
qui ne me convient point , ordonnez , & je vous obéïrai.

Mᵉ. ARGANTE.

Oh ſi tu le prens ſur ce ton-là , tu ne m'aimes pas tant que je croyois , je n'ai point d'ordre à vous donner ma fille , je ſuis votre amie , & vous êtes la mienne , & ſi vous me traitez autrement , je n'ai plus rien à vous dire.

ANGELIQUE.

Allons ma mere je me rends , vous me charmez , j'en pleure de tendreſſe ; voyons , quelle eſt cette grace que vous me demandez , je vous l'accorde d'avance.

Mᶜ. ARGANTE.

Viens donc que je t'embraſſe : te voici dans un âge raiſonnable , mais où tu auras beſoin de mes conſeils & de mon expérience ; te r'appelles-tu l'entretien que nous eûmes l'autre jour , & cette douceur que nous nous figurions touttes deux à vivre enſemble dans la plus intime confiance , ſans avoir de ſecrets l'une pour l'autre ; t'en ſouviens-tu ? nous fûmes interrompues , mais cette idée-là te réjouit beaucoup , éxécutonslà , parle moi à cœur ouvert ; fais-moi ta confidente.

ANGELIQUE.

Vous, la confidente de votre fille ?

Me. ARGANTE

Oh! votre fille; eh! qui te parle d'elle? ce n'eſt point ta mere qui veut être ta confidente, c'eſt ton amie encore une fois.

ANGELIQUE *riant.*

D'accord, mais mon amie redira tout à ma mere, l'un eſt inféparable de l'autre.

Me. ARGANTE.

Eh bien, je les fépare moi, je t'en fais ferment; oui, mets-toi dans l'efprit que ce que tu me confieras fur ce pied-là, c'eſt comme fi ta mere ne l'entendoit pas; eh, mais cela fe doit, il y auroit même de la mauvaife foi à faire autrement.

ANGELIQUE.

Il eſt difficile d'efperer ce que vous dites-là.

Me. ARGANTE.

Ah! que tu m'affliges, je ne mérite pas ta réſiſtance.

ANGELIQUE.

Eh bien, foit, vous l'éxigez de trop bonne grace, j'y confens, je vous dirai tout.

Me. ARGANTE.

Si tu veux, ne m'appelle pas ta mere, donne-moi un autre nom.

ANGELIQUE.

Oh ! ce n'eſt pas la peine, ce nom-là m'eſt cher, quand je le changerois, il n'en feroit ni plus ni moins, ce ne feroit qu'une fineſſe inutile, laiſſez-le moi, il ne m'effraye plus.

Me. ARGANTE.

Comme tu voudras, ma chere Angelique. Ah ça, je ſuis donc ta confidente, n'as-tu rien à me confier dès-à-preſent ?

ANGELIQUE.

Non, que je ſçache, mais ce ſera pour l'avenir.

Me. ARGANTE.

Comment va ton cœur, perſonne ne l'a-t'il attaqué juſqu'ici ?

ANGELIQUE.

Pas encore.

Me. ARGANTE.

Hum, tu ne te fies pas à moi, j'ai peur que ce ne ſoit encore à ta mere à qui tu répons.

ANGELIQUE.

C'eſt que vous commencez par une furieuſe queſtion.

Me. ARGANTE.

La queſtion convient à ton âge.

ANGELIQUE.

Ah !

Me. ARGANTE.

Tu foupires.

ANGELIQUE.

Il eft vrai.

Me. ARGANTE.

Que t'eft-il arrivé ? je t'offre de la confalation & des confeils, parle.

ANGELIQUE.

Vous ne me le pardonnerez pas ?

Me. ARGANTE.

Tu rêves encore avec tes pardons, tu me prens pour ta mere.

ANGELIQUE.

Il eft affez permis de s'y tromper, mais c'eft du moins pour la plus digne de l'être, pour la plus tendre & la plus cherie de fa fille qu'il y ait au monde.

Me. ARGANTE.

Ces fentimens-là font dignes de toi, & je les lui dirai, mais il ne s'agit pas d'elle, elle eft abfente : revenons, qu'eft-ce qui te chagrine ?

ANGELIQUE.

Vous m'avez demandé fi on avoit attaqué mon cœur ? que trop, puifque j'aime.

Me. ARGANTE *d'un air ferieux.*

Vous aimez ? ..

ANGELIQUE *riant.*

Eh bien, ne voila-t'il pas cette mere qui eſt abſente, c'eſt pourtant elle qui me répond, mais raſſurez-vous, car je badine.

Mᶜ. ARGANTE.

Non, tu ne badines point, tu me dis la verité, & il n'y a rien là qui me ſurprenne, de mon côté je n'ai répondu ſérieuſement que parce que tu me parlois de même, ainſi point d'inquiétude ; tu me confies donc que tu aimes.

ANGELIQQE.

Je ſuis preſque tentée de m'en dédire.

Mᶜ. ARGANTE.

Ah ! ma chere Angelique, tu ne me rends pas tendreſſe pour tendreſſe.

ANGELIQUE.

Vous m'excuſerez, c'eſt l'air que vous avez pris qui m'a allarmée ; mais je n'ai plus peur ; oui, j'aime, c'eſt un penchant qui m'a ſurpriſe.

Mᶜ. ARGANTE.

Tu n'es pas la premiere, cela peut arriver à tout le monde : Eh, quel homme eſt-ce ? eſt-il à Paris ?

ANGELIQUE.

Non, je ne le connois que d'ici.

Me. ARGANTE *riant.*

D'ici, ma chere, conte moi donc cette

hiftoire-là, je la trouve plus plaifante que férieufe, ce ne peut être qu'une avanture de campagne, une rencontre.

ANGELIQUE.

Juftement.

Me. ARGANTE.

Quelque jeune homme galant, qui t'a falué, & qui a fçu adroitement engager une converfation.

ANGELIQUR.

C'eft cela même.

Me. ARGANTE.

Sa hardieffe m'étonne, car tu es d'une figure qui devoit lui en impofer : ne trouves-tu pas qu'il a un peu manqué de refpect ?

ANGELIQUE.

Non, le hazard a tout fait, & c'eft Lifette qui en eft caufe, quoique fort innocemment : elle tenoit un livre, elle le laiffa tomber, il le ramaffa, & on fe parla, cela eft tout naturel.

Me. ARGANTE *riant*.

Va, ma chere enfant, tu es folle de t'imaginer que tu aimes cet homme-là, c'eft Lifette qui te le fait accroire, tu es fi fort au-deffus de pareille chofe, tu en riras toi-même au premier jour.

ANGELIQUE.

Non, je n'en crois rien, je ne m'y attens pas en verité.

Me. ARGANTE.

Bagatelle, te dis-je, c'est qu'il y a là
dedans un air de Roman qui te gagne.

ANGELIQUE.

Moi, je n'en lis jamais, & puis notre
avanture est toute des plus simples.

Me. ARGANTE.

Tu verras, te dis-je, tu es raisonnable,
& c'est assez ; mais l'as-tu vû souvent ?

ANGELIQUE.

Dix ou douze fois.

Me. ARGANTE.

Le verras-tu encore ?

ANGELIQUE.

Franchement, j'aurois bien de la peine
à m'en empêcher.

Me. ARGANTE.

Je t'offre si tu le veux de reprendre ma
qualité de mere pour te le défendre.

ANGELIQUE.

Non vraiment, ne reprenez rien, je
vous prie, ceci doit être un secret pour
vous en cette qualité-là, & je compte
que vous ne sçavez rien, au moins,
vous me l'avez promis.

Mᵉ ARGANTE.

Oh , je te tiendrai parole ; mais puifque cela eft fi férieux , peu s'en faut que
je ne verfe des larmes fur le danger où je
te vois , de perdre l'eftime qu'on a pour
toi dans le monde.

ANGELIQUE.

Comment donc l'eftime qu'on a pour
moi, vous me faites trembler ? eft-ce que
vous me croyez capable de manquer de
fageffe ?

Mᶜ. ARGANTE.

Hélas ! ma fille, voi ce que tu as fait ,
te ferois-tu crue capable de tromper ta
mere, de voir à fon infçû un jeune étour-
di , de courir les rifques de fon indifcre-
tion, & de fa vanité , de t'expofer à tout
ce qu'il voudra dire , & de te livrer à
l'indécence de tant d'entrevûës fecretes ,
ménagées par une miferable fuivante fans
cœur, qui ne s'embaraffe guéres des conféquences , pourvû qu'elle y trouve fon
interêt , comme elle l'y trouve fans doute: Qui t'auroit dit il y a un mois que
tu t'égarerois jufques-là , l'aurois-tu
cru ?

ANGELIQUE *trifte*.

Je pourrois bien avoir tort , voilà des
réflexions que je n'ai jamais faites.

Mᶜ.

Me. ARGANTE.

Eh ! ma chere enfant, qui eſt-ce qui te les feroit faire ? ce n'eſt pas un domeſtique payé pour te trahir, non plus qu'un amant qui met tout ſon bonheur à teſ éduire ; tu ne conſultes que tes ennemis ; ton cœur même eſt de leur parti, tu n'as pour tout ſecours que ta vertu qui ne doit pas être contente, & qu'une véritable amie comme moi, dont tu te défies, que ne riſques-tu pas ?

ANGELIQUE.

Ah ! ma chere mere, ma chere amie, vous avez raiſon, vous m'ouvrez les yeux, vous me couvrez de confuſion ; Liſette m'a trahie, & je romps avec le jeune homme ; que je vous ſuis obligée de vos conſeils !

LUBIN à *Madame Argante.*

Madame, il vient d'arriver un homme qui demande à vous parler.

Me. ARGANTE.

En qualité de ſimple Confidente, je te laiſſe libre, je te conſeille pourtant de me ſuivre, car le jeune homme eſt peut-être ici.

ANGELIQUE.

Permettez-moi de rêver un inſtant, & ne vous embarraſſez point; s'il y eſt, &

D

qu'il ofe paroître , je le congedierai je
vous affûre.

Me. ARGANTE.

Soit , mais fonge à ce que je t'ai dit.
Elle fort.

SCENE IX.

ANGELIQUE *un moment feule* LU-
BIN *furvient.*

VOilà qui eft fait , je ne le verrai
plus.

LUBIN , *fans s'arrêter lui remet une
Lettre dans la main.*

ANGELIQUE.

Arrêtez, de qui eft-elle ?

LUBIN *en s'en allant de loin.*

De ce cher Poulet. C'eft voute galand
qui vous la mande.

ANGELIQUE *la rejette loin.*

Je n'ai point de galand , raportés-la.

LUBIN.

Elle eft faite pour refter.

ANGELIQUE.

Reprenez-la encore une fois , & retirez-vous.

LUBIN.

Eh , morgué qu'eu fantaifie , je vous

dis qu'il faut qu'alle demeure , à celle fin
que vous la lifiais , ça m'eft enjoint & à
vous auffi ; il y a dedans un entretien
pour tantôt , à l'heure qui vous fera
plaifir , & je fis enchargé d'apporter
l'heure à Lifette , & non pas la lettre.
Ramaffez-la , car je n'ofe de peur qu'en
ne me voye , & pis vous me crierés la
réponfe tout bas.

ANGELIQUE.

Ramaffe-là toi-même , & va-t'en je
te l'ordonne.

LUBIN.

Mais voyez ce rat qui lui prend , non
morgué je ne la ramafferai pas , il ne fera pas dit que j'aye fait ma commiffion
tout de travars.

ANGELIQUE *s'en allant.*

Cet impertinent !

LUBIN *la regarde s'en aller.*

Faut qu'alle ait de l'avarfion pour
l'écriture.

Fin du premier Aƈte.

ACTE II.

SCENE PREMIERE.

DORANTE , LUBIN.

LUBIN *entre le premier & dit :*

Parſonne ne viant.

DORANTE *entre.*

LUBIN.

Eh palſangué arrivez donc , il y a pu d'une heure que je ſis à l'affus de vous.

DORANTE.

He bien qu'as-tu à me dire ?

LUBIN.

Que vous ne bougiais d'ici , Liſette m'a dit de vous le commander.

DORANTE.

T'a-t'elle dit l'heure qu'Angelique a priſe pour notre rendez-vous ?

LUBIN.

Non, alle vous contera ça.

DORANTE.

Eſt-ce-là tout ?

LUBIN.

C'eſt tout par rapport à vous , mais
il y a un reſtant par rapport à moi.

DORANTE.

De quoi eſt-il queſtion ?

LUBIN.

C'eſt que je me repens...

DORANTE.

Qu'appelles-tu te repentir ?

LUBIN.

J'entens qu'il y a des ſcrupules qui me
tourmantons ſur vos rendez-vous que je
protege , j'ons queuquefois la tentation
de vous torner caſaque ſur tout ceci ,
& d'aller nous accuſer tretous.

DORANTE.

Tu rêves , & où eſt le mal de ces
rendez-vous , que crains-tu , ne ſuis-je
pas honnête homme ?

LUBIN,

Morgué moi itou , & tellement honnête , qu'il n'y aura pas moyen d'être
un fripon ſi en ne me ſoutient le cœur ,
par rapport à ce que jons toûjours maille
à partie avec ma conſcience ; il y a toûjours quelque choſe qui cloche dans mon
courage ; à chaque pas que je fais , j'ai
le défaut de m'arrêter , à moins qu'en

ne me pouſſe , & c'e ſt à vous à pouſſer

DORANTE *tirant une bague qu'il lui donne.*

Eh morbleu prens encor cela & continuë.

LUBIN.

C'a me ravigote.

DORANTE.

Dis-moi , Angelique , viendra-t'elle
bien-tôt ?

LUBIN.

Peut-être bian tôt , peut-etre bian tard ,
peut-être point du tout.

DORANTE.

Point du tout , qu'eſt-ce que tu veux
dire , comment a t'elle reçu ma lettre ?

LUBIN.

Ah comment , eſt-ce que vous me faites itou voute rapporteux auprès d'elle ,
pargué je ferons donc l'eſpion à tout le
monde ?

DORANTE.

Toi ? Eh de qui l'es-tu encore ?

LUBIN.

Eh pardi de la Mere qui m'a bian enchargé de n'en rian dire.

DORANTE.

Miſerable ! tu lui parle donc contre
nous ?

LUBIN.

Contre vous, Monſieur, pas le mot,
ni pour ni eontre, je fais ma main, &
vela tout, faut pas mêmement que vous
ſçachiez-ça.

DORANTE.

Explique-toi donc ; c'eſt-à-dire que
ce que tu en fais, n'eſt que pour obte-
nir quelque argent d'elle ſans nous nuire.

LUBIN.

Vela c'en que c'eſt, je tire d'ici, je
tire d'ilà, & j'attrape.

DORANTE.

Acheves, que t'a dit Angelique
quand tu lui as porté ma lettre ?

LUBIN.

Parlez-ly toûjours, mais ne l'y écri-
viez pas, voute grifonnage n'a pas fait
forteune.

DORANTE.

Quoi ma lettre l'a fâchée ?

LUBIN.

Elle n'en a jamais voulu tâter, le
papier la courouſſe.

DORANTE.

Elle te l'a donc renduë.

LUBIN.

Alle me l'a renduë à tarre, çar je l'ons
ramaſſée, & Liſette la tient.

DORANTE.

Je n'y comprens rien, d'où cela peut-
il provenir?

LUBIN.

Velà Lisette, intarrogez-la, je retorne à ma place pour vous garder.

Il sort.

SCENE II.

LISETTE, DORANTE.

DORANTE.

QUe viens-je d'apprendre Lisette?
Angelique a rebuté ma lettre.

LISETTE.

Oüi la voici, Lubin me l'a renduë,
j'ignore qu'elle fantaisie lui a pris, mais
il est vrai qu'elle est de fort mauvaise
humeur, je n'ai pû m'expliquer avec
elle à cause du monde qu'il y avoit au
logis, mais elle est triste, elle m'a battu
froid, & je l'ai trouvée toute changée, je
viens pourtant de l'appercevoir là-bas,
& j'arrive pour vous en avertir, atten-
dons-là, sa rêverie pourroit bien tout
doucement la conduire ici.

DORANTE.

DORANTE.

Non, Lisette, ma vûë ne feroit que
l'irriter peut-être , il faut respecter ses
dégoûts pour moi , je ne les soûtien-
drois pas, & je me retire.

LISETTE.

Que les amans sont quelquefois risi-
bles, qu'ils disent de fadeurs! tenez,
fuyez-la , Monsieur, car elle arrive ,
fuyez-la pour la respecter.

SCENE III.

ANGELIQUE, DORANTE, LISETTE.

ANGELIQUE.

QUoi, Monsieur est ici ? je ne m'attendois pas à l'y trouver.

DORANTE.

J'allois me retirer, Madame, Lisette vous le dira , je n'avois garde de me
montrer , le mépris que vous avez fait
de ma lettre , m'apprend combien je
vous suis odieux.

ANGELIQUE.

Odieux! ah j'en suis quitte à moins ,
pour indifferent passe , & très-indiffe-

E

rent ; quant à votre lettre , je l'ai reçuë comme elle le méritoit , & je ne croyois pas qu'on eût droit d'écrire aux gens qu'on a vûs par hafard, j'ai trouvé cela fort fingulier , fur-tout avec une perfonne de mon fexe : m'écrire à moi, Monfieur , d'où vous eft venuë cette idée , je n'ai pas donné lieu à votre hardieffe , ce me femble , de quoi s'agit-il entre vous & moi ?

DORANTE.

De rien pour vous , Madame, mais de tout pour un malheureux que vous accablez.

ANGELIQUE.

Voilà des expreffions auffi déplacées qu'inutiles, & je vous avertis que je ne les écoute point.

DORANTE.

Eh de grace , Madame , n'ajoûtez point la raillerie aux difcours cruels que vous me tenez , méprifez ma douleur , mais ne vous en mocquez pas , je ne vous exagere point ce que je fouffre.

ANGELIQUE.

Vous m'empêchez de parler à Lifette , Monfieur , ne m'interrompez point.

LISETTE.

Peut-on, fans être trop curieufe,
vous demander à qui vous en avez?

ANGELIQUE.

A vous, & je ne fuis venuë ici que
parce que je vous cherchois, voilà ce
qui m'amene.

DORANTE.

Voulez-vous que je me retire, Madame ?

ANGELIQUE.

Comme vous voudrez, Monfieur.

DORANTE.

Ciel !

ANGELIQUE.

Attendez pourtant, puifque vous
êtes-là, je ferai bien-aife que vous
fçachiez ce que j'ai à vous dire, vous
m'avez écrit, vous avez lié converfation avec moi, vous pourriez vous en
vanter, cela n'arrive que trop fouvent,
& je ferai charmée que vous appreniez
ce que j'en penfe.

DORANTE.

Me vanter moi, Madame, de quel
affreux caractere me faites-vous-là, je
ne réponds rien pour ma défenfe, je n'en
ai pas la force, fi ma lettre vous a dé-
plu, je vous en demande pardon, n'en

préfumez rien contre mon refpect, celui que j'ai pour vous m'eft plus cher que la vie, & je vous le prouverai en me condamnant à ne vous plus revoir, puifque je vous déplais.

ANGELIQUE.

Je vous ai déja dit que je m'en tenois à l'indifference. Revenons à Lifette.

LISETTE.

Voyons puifque c'eft mon tour pour être grondée, je ne fçaurois me vanter de rien, moi, je ne vous ai écrit, ni rencontré, quel eft mon crime?

ANGELIQUE.

Dites-moi, il n'a pas tenu à vous que je n'euffe des difpofitions favorables pour Monfieur, c'eft par vos foins qu'il a eu avec moi toutes les entrevûës où vous m'avez amenée fans me le dire, car c'eft fans me le dire, en avez-vous fenti les conféquences?

LISETTE.

Non, je n'ai pas eu cet efprit-la.

ANGELIQUE.

Si Monfieur, comme je l'ai déja dit, & à l'exemple de prefque tous les jeunes gens, étoit homme à faire trophée d'une avanture dont je fuis tout-à-fait innocente, où en ferois-je?

LISETTE *a Dorante.*

Remerciez Monſieur.

DORANTE.

Je ne ſçaurois parler.

ANGELIQUE.

Si de votre côté, vous êtes de ces filles intereſſées qui ne ſe ſoucient pas de faire tort à leurs maîtreſſes, pourvû qu'elles y trouvent leur avantage , que ne riſquerois-je pas ?

LISETTE.

Oh je répondrai moi , je n'ai pas perdu la parole : ſi Monſieur eſt un homme d'honneur à qui vous faites injure, ſi je ſuis une fille généreuſe qui ne gagne à tout cela que le joli compliment dont vous m'honorez , où en eſt avec moi votre reconnoiſſance, hem ?

ANGELIQUE.

D'où vient donc que vous avez ſi bien ſervi Dorante , quel peut avoir été le motif d'un zele ſi vif , quels moyens a-t'il employés pour vous faire agir ?

LISETTE.

Je crois vous entendre : vous gageriez, j'en ſuis ſûre , que j'ai été ſéduite par des préſens ? gagez, Madame, faites-moi cette galanterie-là , vous perdrez ,

& ce fera une maniére de donner tout-
à-fait noble.

DORANTE.

Des préfens, Madame ! que pourrois-
je lui donner qui fût digne de ce que je
lui dois ?

LISETTE.

Attendez, Monfieur, difons pourtant
la vérité. Dans vos tranfports, vous m'a-
vez promis d'être extrémement recon-
noiffant, fi jamais vous aviez le bonheur d'être à Madame , il faut convenir de cela.

ANGELIQUE.

Eh ! je ferois la premiére à vous donner moi-même.

DORANTE.

Que je fuis à plaindre d'avoir livré
mon cœur à tant d'amour.

LISETTE.

J'entre dans votre douleur, Monfieur ,
mais faites comme moi , je n'avois que
de bonnes intentions , j'aime ma maîtreffe toute injufte qu'elle eft , je vou-
lois unir fon fort à celui d'un homme
qui lui auroit rendu la vie heureufe &
tranquille , mes motifs lui font fufpects
& j'y renonce, imitez-moi , privez-vous

de votre côté du plaisir de voir Angelique, sacrifiez votre amour à ses inquiétudes, vous êtes capable de cet effort-là ?

ANGELIQUE.

Soit.

LISETTE à *Dorante à part.*

Retirez-vous pour un moment.

DORANTE.

Adieu Madame, je vous quitte puisque vous le voulez ; dans l'état où vous me jettez, la vie m'est à charge, je pars pénétré d'une affliction mortelle, & je n'y résisterai point, jamais on n'eut tant d'amour, tant de respect que j'en ai pour vous, jamais on n'osa espérer moins de retour ; ce n'est pas votre indifférence qui m'accable, elle me rend justice, j'en aurois soupiré toute ma vie sans m'en plaindre, & ce n'étoit point à moi, ce n'est peut-être à personne à prétendre à votre cœur ; mais je pouvois esperer votre estime, je me croyois à l'abri du mépris, & ni ma passion, ni mon caractere, n'ont mérité les outrages que vous leur faites.

Il sort.

SCENE IV.

ANGELIQUE, LISETTE,
Lubin survient.

ANGELIQUE.

IL est parti?

LISETTE.

Oui , Madame.

ANGELIQUE *un moment sans parler,*
& à part.

J'ai été trop vîte , ma mere avec toutte son expérience en a mal jugé , Dorante est un honnête homme.

LISETTE.

Elle rêve , elle est triste , cette querelle-ci ne nous fera point de tort.

LUBIN *à Angelique.*

J'apparçois par là-bas un passant qui viant envars nous , voulez-vous qu'il vous regarde ?

ANGELIQUE.

Eh ! que m'importe.

LISETTE.

Qu'il passe,qu'est-ce que cela nous fait?

LUBIN *à part.*

Il y a du brit dans le ménage, je m'en

retorne donc, je vas me mettre pus près
par rapport à ce que je m'ennuye d'être
si loin, j'aime à voir le monde, vous me
farvirez de récriation , n'eft-ce pas ?

LISETTE.

Comme tu voudras , refte à dix pas.

LUBIN.

Je les conterai en confcience (*à part*)
je fis pu fin qu'eux , j'allons faire ma
forniture de nouvelles pour la bonne
mere.

Il s'éloigne.

SCENE V.

ANGELIQUE, LISETTE,
LUBIN *éloigné.*

LISETTE.

VOus avez furieufement maltraité
Dorante.

ANGELIQUE.

Oui vous avez raifon , j'en fuis fâchée , mais laiffez-moi , car je fuis ou-
trée contre vous.

LISETTE.

Vous fçavez fi je le mérite.

ANGELIQUE.

C'est vous qui êtes cause que je me
suis accoutumée à le voir.

LISETTE.

Je n'avois pas dessein de vous rendre
un mauvais service, & cette avanture-ci
n'est triste que pour lui; avez-vous pris
garde à l'état où il est, c'est un homme
au désespoir.

ANGELIQUE.

Je n'y sçaurois que faire, pourquoi
s'en va-t'il?

LISETTE.

Cela est aisé à dire à qui ne se soucie
pas de lui, mais vous sçavez avec quelle
tendresse il vous aime.

ANGELIQUE.

Et vous prétendez que je ne m'en
soucie pas moi, que vous êtes méchan-
te!

LISETTE.

Que voulez-vous que j'en croye, je
vous vois tranquille, & il versoit des larmes en s'en allant.

LUBIN.

Comme alle l'enjole.

ANGELIQUE.

Lui.

LISETTE.

Eh ! sans doute.

ANGELIQUE.

Et malgré cela il part.

LISETTE.

Eh vous l'avez congedié, quelle per-
te vous faites !

ANGELIQUE *après avoir rêvée.*

Qu'il revienne donc, s'il y est encore,
qu'on lui parle, puisqu'il est si affligé.

LISETTE.

Il ne peut être qu'à l'écart dans ce
bois, il n'a pû aller loin, accablé comme il l'étoit. Monsieur Dorante, Monsieur Dorante.

***

SCENE VI.

DORANTE, LISETTE, ANGELIQUE, LUBIN.

DORANTE.

Est-ce Angelique qui m'appelle ?

LISETTE.

Oui, c'est moi qui parle, mais c'est
elle qui vous demande.

ANGELIQUE.

Voilà de ces foiblesses que je voudrois bien qu'on m'épargnât.

DORANTE.

A quoi dois-je m'attendre, Angelique que souhaitez-vous d'un homme, dont vous ne pouvez plus supporter la vûë ?

ANGELIQUE.

Il y a grande apparence que vous vous trompez ?

DORANTE.

Hélas ! vous ne m'estimez plus.

ANGELIQUE.

Plaignez-vous , je vous laisse dire, car je suis un peu dans mon tort.

DORANTE.

Angelique a pû douter de mon amour!

ANGELIQUE.

Elle en a douté. pour en être plus sûre, cela est-il si désobligeant ?

DORANTE.

Quoi ! j'aurois le bonheur de n'être point haï.

ANGELIQUE.

J'ai bien peur que ce ne soit tout le contraire.

DORANTE.

Vous me rendez la vie.

ANGELIQUE.

Où est cette lettre que j'ai refusée de

recevoir ? s'il ne tient qu'à la lire, on le
veut bien.

DORANTE.

J'aime mieux vous entendre.

ANGELIQUE.

Vous n'y perdez pas.

DORANTE.

Ne vous défiez donc jamais d'un
cœur qui vous adore.

ANGELIQUE.

Oui, Dorante, je vous le promets,
voilà qui est fini, excusez tous deux
l'embarras où se trouve une fille de
mon âge, timide & vertueuse; il y a
tant de piéges dans la vie, j'ai si peu
d'experience, seroit-il difficile de me
tromper si on vouloit. Je n'ai que ma
sagesse & mon innocence pour toute
ressource, & quand on n'a que cela on
peut avoir peur; mais me voilà bien ras-
sûrée, il ne me reste plus qu'un chagrin:
que deviendra cet amour, je n'y vois
que des sujets d'affliction ! Sçavez-vous
bien que ma mere me propose un époux
que je verrai peut-être dans un quart
d'heure; je ne vous disois pas tout ce qui
m'agitoit, il m'étoit bien permis d'être
fâcheuse, comme vous voyez.

DORANTE.

Angelique , vous êtes toute mon
esperance.

LISETTE.

Mais , si vous avoüiez votre amour à
cette mere qui vous aime tant , seroit-
elle inéxorable , il n'y a qu'à supposer
que vous avez connu Monsieur à Paris,
& qu'il y est.

ANGELIQUE.

Cela ne meneroit à rien , Lisette , à
rien du tout , je sçais bien ce que je
dis.

DORANTE.

Vous consentirez donc d'être à un
autre ?

ANGELIQUE.

Vous me faites trembler.

DORANTE.

Je m'égare à la seule idée de vous
perdre , & il n'est point d'extrêmité pardonnable que je ne sois tenté de vous
proposer.

ANGELIQUE.

D'extrêmité pardonnable !

LISETTE.

J'entrevois ce qu'il veut dire.

ANGELIQUE.

Quoi ! me jetter à ses genoux , c'est

bien mon deſſein, de lui réſiſter, j'aurai
bien de la peine, ſurtout avec une mere
auſſi tendre.

LISETTE.

Bon, tendre, ſi elle l'étoit tant, vous
gêneroit-elle là-deſſus, avec le bien que
vous avez, vous n'avez beſoin que
d'un honnête homme encore une fois.

ANGELIQUE.

Tu as raiſon, c'eſt une tendreſſe fort
mal entenduë, j'en conviens.

DORANTE.

Ah! belle Angelique, ſi vous aviez
tout l'amour que j'ai vous auriez bien-
tôt pris votre parti, ne me demandez
point ce que je penſe, je me trouble, je
ne ſçai où je ſuis.

ANGELIQUE à *Liſette.*

Que de peines! tâche donc de lui remettre l'eſprit; que veut-il dire?

LISETTE.

Eh bien! Monſieur, parlez, quelle eſt
votre idée?

DORANTE *ſe jettant à ſes genoux.*

Angelique, voulez-vous que je meu-
re?

ANGELIQUE.

Non, levez-vous, & parlez, je vous
l'ordonne.

DORANTE.

J'obéïs, votre mere sera infléxible, &
dans le cas où nous sommes . . .

ANGELIQUE.

Que faire ?

DORANTE.

Si j'avois des tréfors à vous offrir , je
vous le dirois plus hardiment.

ANGELIQUE.

Votre cœur en eſt un, achevez , je le
veux.

DORANTE.

A notre place on ſe fait ſon ſort à ſoi-
même.

ANGELIQUE.

Eh comment ?

DORANTE.

On s'échappe . . .

LUBIN *de loin.*

Au voleur.

ANGELIQUE.

Après.

DORANTE.

Une mere s'emporte , à la fin elle
conſent , on ſe réconcilie avec elle &
on ſe trouve uni avec ce qu'on aime.

ANGELIQUE.

Mais ou j'entends mal , ou cela reſſemble à un enlevement ; en eſt-ce un
Dorante ? DORANTE.

DORANTE.

Je n'ai plus rien à dire.

ANGELIQUE *le regardant.*

Je vous ai forcé de parler, & je n'ai que ce que je merite.

LISETTE.

Pardonnez quelque chofe au trouble où il eft, le moyen eft dur, & il eft fâcheux qu'il n'y en ait point d'autre.

ANGELIQUE.

Eft-ce là un moyen, eft-ce un remede qu'une extravagance? ah! je ne vous reconnois pas à cela, Dorante, je me paflerai mieux de bonheur que de vertu, me propofer d'être infenfée, d'être méprifable, je ne vous aime plus.

DORANTE.

Vous ne m'aimez plus, ce mot m'accable, il m'arrache le cœur.

LISETTE.

En verité fon état me touche.

DORANTE.

Adieu, belle Angelique, je ne furvivrai pas à la menace que vous m'avez faite.

ANGELIQUE.

Mais, Dorante, êtes-vous raifonnable?

LISETTE.

Ce qu'il vous propose est hardi, mais
ce n'est pas un crime.

ANGELIQUE.

Un enlevement, Lisette !

DORANTE.

Ma chere Angelique je vous perds,
concevez-vous ce que c'est que vous
perdre, & si vous m'aimez un peu, n'ê-
tes vous pas effrayée vous-même de l'i-
dée de n'être jamais à moi, & parce que
vous êtes vertueuse, en avez-vous
moins le droit d'éviter un malheur.
Nous aurions le secours d'une Dame
qui n'est heureusement qu'à un quart
de lieuë d'ici, & chez qui je vous me-
nerois.

LUBIN.

Haye, haye.

ANGELIQUE.

Non, Dorante, laissons-là votre Dame, je parlerai à ma mere, elle est bonne, je la toucherai peut-être, je la toucherai, je l'espere, ah !

SCENE VII.

LUBIN, LISETTE, ANGELIQUE, DORANTE.

LUBIN.

EH vîte, eh vîte, qu'on s'éparpil-
le, vela ce grand Monfieur, que
jons vû une fois à Paris, cheux vous, &
qui ne parle point.

Il s'écarte.

ANGELIQUE.

C'eft peut-être celui à qui ma mere me
deftine ; fuyez, Dorante, nous nous
reverons tantôt, ne vous inquietez pas.

Dorante fort.

SCENE VIII.

ANGELIQUE, LISETTE, ERGASTE.

ANGELIQUE *en le voyant.*

C'Eft lui-même, ah ! quel hôm-
me.

LISETTE.

Il n'a pas l'air éveillé.

ERGASTE *marchant lentement.*

Je suis votre serviteur, Madame, je devance Madame votre mere, qui est embarrassée, elle m'a dit que vous vous promeniez.

ANGELIQUE.

Vous le voyez, Monsieur.

ÉRGASTE.

Et je me suis hâté de venir vous faire la reverence.

LISETTE *à part.*

Appelle-t'il cela se hâter ?

ERGASTE.

Ne suis-je pas importun ?

ANGELIQUE.

Non, Monsieur.

LISETTE *à part.*

Ah ! cela vous plaît à dire.

ERGASTE.

Vous êtes plus belle que jamais.

ANGELIQUE.

Je ne l'ai jamais été.

ERGASTE.

Vous êtes bien modeste.

LISETTE.

Il parle comme il marche.

ÉRGASTE.

Ce pays-ci est fort beau.

ANGELIQUE.

Il eſt paſſable.

LISETTE *à part.*

Quand il a dit un mot il eſt ſi fatigué
qu'il faut qu'il ſe repoſe.

ERGASTE.

Et ſolitaire.

ANGELIQUE.

On n'y voit pas grand monde.

LISETTE.

Quelque importun par-ci par-là.

ERGASTE.

Il y en a partout.

On eſt du tems ſans parler.

LISETTE.

Voilà la converſation tombée, ce ne
ſera pas moi qui la releverai.

ERGASTE.

Ah! bonjour, Liſette.

LISETTE.

Bon ſoir, Monſieur, je vous dis bon
ſoir, parce que je m'endors, ne trouvez-
vous pas qu'il fait un tems peſant ?

ERGASTE.

Oui, ce me ſemble.

LISETTE.

Vous vous en retournez ſans doute ?

ERGASTE.

Rien que demain, Madame Argante
ma retenu.

ANGELIQUE.

Et Monfieur, fe promene-t'il?

ERGASTE.

Je vais d'abord à ce Château voifin pour y porter une lettre qu'on m'a prié de rendre en main propre, & je reviens enfuite.

ANGELIQUE.

Faites, Monfieur, ne vous gênez pas.

ERGASTE.

Vous me le permettez donc?

ANGELIQUE.

Oui, Monfieur.

LISETTE.

Ne vous preffez point, quand on a des commiffions, il faut y mettre tout le temps néceffaire ; n'avez-vous que celle-là?

ERGASTE.

Non, c'eft l'unique.

LISETTE.

Quoi, pas le moindre petit compliment à faire ailleurs.

ERGASTE.

Non.

ANGELIQUE.

Monfieur y foupera peut-être.

LISETTE.

Et à la campagne on couche où l'on foupe.

ERGASTE.

Point du tout , je reviens inceſſam-
ment Madame (*à part s'en allant*) Je
ne ſçai que dire aux femmes , même à
celles qui me plaiſent.

Il ſort.

SCENE I X.

ANGELIQUE, LISETTE.

LISETTE.

CE garçon-là a de grands talens
pour le ſilence , quelle abſtinence
de paroles , il ne parlera bientôt plus
que par ſignes.

ANGELIQUE.

Il a dit que ma Mere alloit venir , &
je m'éloigne , je ne ſçaurois lui parler
dans le déſordre d'eſprit où je ſuis , j'ai
pourtant deſſein de l'attendrir ſur le
chapitre de Dorante.

LISETTE.

Et moi je ne vous conſeille pas de
lui en parler , vous ne ferez que la
révolter davantage , & elle ſe hâteroit
de conclure.

ANGELIQUE.

Oh doucement, je me revolterois à mon tour.

LISETTE *riant.*

Vous, contre cette mere, qui dit qu'elle vous aime tant.

ANGELIQUE *s'en allant.*

Eh bien qu'elle m'aime donc mieux; car je ne ſuis point contente d'elle.

LISETTE.

Retirez-vous, je crois qu'elle vient.

SCENE X.

Me. ARGANTE, LISETTE *qui veut s'en aller.*

Me. ARGANTE *l'arrêtant.*

Voici cette fourbe de ſuivante : un moment, où eſt ma fille ; j'ai cru la trouver ici avec Monſieur Ergaſte.

LISETTE.

Ils y étoient tous deux tout-à-l'heure Madame, mais Monſieur Ergaſte eſt allé à cette maiſon d'ici près, remettre une lettre à quelqu'un, & Mademoiſelle eſt là-bas, je penſe.

Me.

Mᵉ. ARGANTE.

Allez lui dire que je ferois bien aife de la voir.

LISETTE *les premiers mots à part.*

Elle me parle bien fechement. J'y vais, Madame, mais vous me paroiffez trifte, j'ai ou peur que vous ne fufliez fâchée contre moi.

Mᵉ. ARGANTE.

Contre vous, eft-ce que vous le méritez, Lifette ?

LISETTE.

Non, Madame.

Mᵉ. ARGANTE.

Il eft vrai que j'ai l'air plus occupé qu'à l'ordinaire, je veux marier ma fille à Ergafte, vous le fçavez, & je crains fouvent qu'elle n'ait quelque chofe dans le cœur, mais vous me le diriez, n'eft-il pas vrai ?

LISETTE.

Eh ! mais je le fçaurois.

Mᵉ. ARGANTE.

Je n'en doute pas : allez je connois votre fidelité, Lifette, je ne m'y trompe-pas, & je compte bien vous en récompenfer comme il faut, dites à ma fille que je l'attens.

G

LISETTE.

Elle prend bien fon temps pour me loüer.

Elle fort.

Me. ARGANTE.

Toute fourbe qu'elle est je l'ai embaraffée.

SCENE XI.

LUBIN, Me. ARGANTE.

Me. ARGANTE.

AH tu viens à propos, as-tu quelque chofe à me dire?

LUBIN.

Jarnigoy, fi j'ons queuque chofe, j'avons vû des pardons, j'avons vû des offenfes, des allées, des venuës, & pis des moyens pour avoir un mari.

Me. ARGANTE.

Hâte-toi de m'inftruire, parce que j'attends Angelique, que fçais-tu?

LUBIN.

Pis que vous êtes preffée, je mettrons tous en un tas.

Me. ARGANTE.

Parles donc.

LUBIN.

Je fçai une accufation , je fçai une innocence , & pis un autre grand ftratagefme , attendez , comment appellont-il cela.

Me. ARGANTE.

Je ne t'entens-pas , mais va-t'en , Lubin , j'apperçois ma fille , tu me diras ce que c'eft tantôt , il ne faut pas qu'elle nous voye enfemble.

LUBIN.

Je m'en retorne donc à la provifion.

Il fort.

SCENE XII.

Me. ARGANTE , ANGELIQUE.

Me. ARGANTE *à part.*

Voyons de quoi il fera queftion·
ANGELIQUE *les premiers mots à part*
Plus de confidence , Lifette a raifon , c'eft le plus fûr. Lifette m'a dit que vous me demandiez , ma mere.

G ij

Me. ARGANTE.

Oui, je fçai que tu as vû Ergaſte, ton éloignement pour lui dure-t'il toujours ?

ANGELIQUE *ſouriant.*

Ergaſte n'a pas changé.

Me. ARGANTE.

Te ſouvient-il qu'avant que nous vinſ-ſions ici tu m'en diſois du bien ?

ANGELIQUE.

Je vous en dirai volontiers encore , car je l'eſtime , mais je ne l'aime point , & l'eſtime & l'indifférence vont fort bien enſemble.

Me. ARGANTE.

Parlons d'autres choſes , n'as-tu rien à dire à ta confidente ?

ANGELIQUE.

Non, il n'y a plus rien de nouveau.

Me. ARGANTE.

Tu n'as pas revû le jeune homme ?

ANGELIQUE.

Oui , je l'ai retrouvé , je lui ai dit ce qu'il falloit , & voila qui eſt fini.

Me. ARGANTE *ſouriant,*

Quoi? abſolument fini.

ANGELIQUE.

Oui , tout-à-fait.

Me. ARGANTE.

Tu me charmes , je ne ſçaurois t'ex-

primer la satisfaction que tu me donnes ,
il n'y a rien de si estimable que toi Angelique , ni rien aussi d'égal au plaisir
que j'ai à te le dire, car je compte que
tu me dis vrai , je me livre hardiment à
ma joye , tu ne voudrois pas m'y aban-
donner si elle étoit fausse , ce seroit une
cruauté dont tu n'es pas capable.

ANGELIQUE *d'un ton timide.*
Assurément.

Me. ARGANTE.
Va, tu n'as pas besoin de me rassurer,
ma fille , tu me ferois injure si tu
croyois que j'en doute ; non ma chere
Angelique tu ne verras plus Dorante,
tu l'as renvoyé , j'en suis sûre , ce n'est
pas avec un caractére comme le tien
qu'on est exposé à la douleur d'être trop
crédule , n'ajoute donc rien à ce que tu
m'as dit , tu ne le verras plus, tu m'en
assure , & cela suffit ; parlons de la raison ,
du courage & de la vertu que tu viens
de montrer.

ANGELIQUE *d'un air interdit.*
Que je suis confuse !

Me. ARGANTE.
Grace au Ciel, te voilà donc encore
plus respectable, plus digne d'être ai-
mée , plus digne que j'amais de faire

mes délices ; que tu me rends glorieufe, Angelique !

ANGELIQUE *pleurant.*

Ah ! ma mere, arrêtez de grace.

Mᵉ. ARGANTE.

Que vois-je ? tu pleures, ma fille, tu viens de triompher de toi-même, tu me vois enchantée, & tu pleures.

ANGELIQUE *fe jettant à fes genoux.*

Non, ma mere, je ne triomphe point votre joye & vos tendreffes me confondent, je ne les mérite point.

Mᵉ. ARGANTE *la releve.*

Releve-toi, ma chere enfant, d'où te viennent ces mouvemens où je te reconnois toujours ; que veulent-ils dire ?

ANGELIQUE.

Hélas ! c'eft que je vous trompe.

Mᵉ. ARGANTE.

Toi, (*un moment fans rien dire*) Non, tu ne me trompes point, puifque tu me l'avouë, acheve ; voyons dequoi il eft queftion.

ANGELIQUE.

Vous allez frémir : on m'a parlé d'enlevement.

Mᵉ. ARGANTE.

Je n'en fuis point furprife, je te l'ai dit, il n'y a rien dont ces étourdis-là ne

foient capables, & je fuis perfuadée que
tu en as plus frémi que moi.

ANGELIQUE.

J'en ai tremblé, il eft vrai, j'ai pourtant eu la foibleffe de lui pardonner,
pourvû qu'il ne m'en parle plus.

Me. ARGANTE.

N'importe, je m'en fie à tes réflexions,
elles te donneront bien du mépris pour
lui.

ANGELIQUE.

Eh, voilà encore ce qui m'afflige dans
l'aveu que je vous fais, c'eft que vous
allez le méprifer vous-même, il eft perdu, vous n'êtiez déja que trop prévenuë
contre lui, & cependant il n'eft point fi
méprifable, permettez que je le juftifie,
je fuis peut-être prévenuë moi-même;
mais vous m'aimez, daignez m'entendre,
portez vos bontés jufques-là : vous
croyez que c'eft un jeune homme fans
caractere, qui a plus de vanité que d'a-
mour, qui ne cherche qu'à me féduire, &
ce n'eft point cela, je vous affûre, il a tort
de m'avoir propofé ce que je vous ai dit;
mais il faut regarder que c'eft le tort d'un
homme au defefpoir que j'ai vû fondre
en larmes quand j'ai paru irritée, d'un
homme à qui la crainte de me perdre a

G iiij

tourné la tête, il n'a point de bien, il ne s'en eft point caché, il me l'a dit, il ne lui reftoit donc point d'autre reffource que celle dont je vous parle; reffource que je condamne comme vous, mais qu'il ne m'a propofée que dans la feule vûë d'être à moi, c'eft tout ce qu'il y a compris; car il m'adore, on n'en peut douter.

Me. ARGANTE.

Eh, ma fille il y en aura tant d'autres qui t'aimeront encore plus que lui.

ANGELIQUE.

Oui, mais je ne les aimerai pas moi, m'aimaffent-ils davantage, & cela n'eft pas poffible.

Me. ARGANTE.

D'ailleurs il fçait que tu es riche.

ANGELIQUE.

Il l'ignoroit quand il m'a vûë, & c'eft ce qui devroit l'empêcher de m'aimer, il fçait bien que quand une fille eft riche on ne la donne qu'à un homme qui a d'autres richeffes, toutes inutiles qu'elles font, c'eft du moins l'ufage, le mérite n'eft compté pour rien.

Me. ARGANTE.

Tu le défens d'une maniere qui m'allarme, que penfes-tu donc de cet enlevement, dis-moi, tu es là franchife même, ne ferois tu point en danger d'y confentir?

ANGELIQUE.

Ah ! je ne crois pas ma mere.

Me. ARGANTE.

Ta mere, ah ! le Ciel l'a préferve de fçavoir feulement qu'on te le propofe ; ne te fers plus de ce nom, elle ne fçauroit le foutenir dans cette occafion-ci ; mais pourrois-tu la fuir, te fentirois-tu la force de l'affliger jufques-là, de lui donner la mort, de lui porter le poigard dans le fein ?

ANGELIQUE.

J'aimerois mieux mourir moi-même.

Me. ARGANTE.

Survivroit-elle à l'affront que tu te ferois; fouffre à ton tour que mon amitié te parle pour elle ; lequel aimes-tu le mieux, ou de cette mere qui t'a infpiré mille vertus, ou d'un amant qui veut te les ôter toutes ?

ANGELIQUE.

Vous m'accablez, dites-lui qu'elle ne craigne rien de fa fille, dites-lui que rien ne m'eft plus cher qu'elle, & que je ne verrai plus Dorante, fi elle me condamne à le perdre.

Me. ARGANTE.

Eh, que perdras-tu dans un Inconnu qui n'a rien ?

ANGELIQUE.

Tout le bonheur de ma vie ; ayez la bonté de lui dire auſſi que ce n'eſt point la quantité de biens qui rend heureuſe, que j'en ai plus qu'il n'en faudroit avec Dorante, que je languirois avec un autre, rapportez-lui ce que je vous dis-là, & que je me ſoûmets à ce qu'elle en décidera.

Me. ARGANTE.

Si tu pouvois ſeulement paſſer quelque tems ſans le voir, le veux-tu bien ? tu ne me réponds pas, à quoi ſonges-tu ?..

ANGELIQUE.

Vous le dirai-je, je me repens d'avoir tout dit, mon amour m'eſt cher, je viens de m'ôter la liberté d'y céder, & peu s'en faut que je ne la regrette, je ſuis même fâchée d'être éclairée, je ne voyois rien de tout ce qui m'effraye, & me voilà plus triſte que je ne l'étois.

Me. ARGANTE.

Dorante me connoît-il ?

ANGELIQUE.

Non, à ce qu'il m'a dit.

Me. ARGANTE.

Eh bien, laiſſes-moi le voir, je lui parlerai ſous le nom d'une tante à qui tu auras tout confié, & qui veut te ſervir ; viens ma fille, & laiſſe à mon cœur le ſoin de conduire le tien.

ANGELIQUE.

Je ne ſçais, mais ce que vous inſpire votre tendreſſe m'eſt d'un bon augure.

Fin du ſecond Acte.

ACTE III.

SCENE PREMIERE.

Me. ARGANTE, LUBIN.

Me. ARGANTE.

PErfonne ne nous voit-il ?

LUBIN.

On ne peut pas nous voir drès que nous ne voyons parfonne.

Me. ARGANTE.

C'eft qu'il me femble avoir apperçu là-bas Monfieur Ergafte qui fe promene.

LUBIN.

Qui, ce nouviau venu, il n'y a pas de danger avcc li, ça ne regarde rin, ça dort en marchant.

Me. ARGANTE.

N'importe, il faut l'éviter, voyons

ce que tu avois à me dire tantôt, & que tu n'as pas eu le tems de m'achever; eft-ce quelque chofe de conféquence?

LUBIN.

Jarni fi c'eft de conféquence, il s'agit tant feulement que cet amoureux veut détourner votre fille.

Me. ARGANTE.

Qu'appelles-tu, la détourner?

LUBIN.

La loger ailleurs, la changer de chambre, vela c'en que c'eft.

Me. ARGANTE.

Qu'a-t'elle répondu?

LUBIN.

Il n'y a encore rien de décidé, car voute fille a dit, comment ventregué un enlevement, Monfieur, avec une mere qui m'aime tant. Bon, belle amiqué a dit Lifette; voute fille a reparti que c'étoit une honte, qu'alle vous parleroit, vous émouveroit, vous embrafferoit les jambes, & pis chacun a tiré de fon côté & moi du mian.

Me. ARGANTE.

Je fçaurai y mettre ordre, Dorante va-t'il fe rendre ici?

LUBIN.

Tatigué, s'il viendra, je l'y ont don-

né l'ordre de la part de noute Damoi-
felle, il ne peut pas manquer d'être o-
béiſſant, & la chaiſe de poſte eſt au bout
de l'allée.

Me. ARGANTE.

La chaiſe ?

LUBIN.

Et voirement oui, avec une Dame entre deux âges, qu'il a mêmement deſcen-
duë dans l'hôtellerie du village.

Me. ARGANTE.

Et pourquoi l'a-t'il amenée ?

LUBIN.

Pour à celle fin qu'alle faſſe compagnie
à noute Damoiſelle, ſi alle veut faire
un tour dans la chaiſe, & pis de-là, aller
ſouper en ville à ce qui m'eſt avis ſelon
queuques paroles que j'avons attrapées,
& qu'ils diſions tout bas.

Me. ARGANTE.

Voilà de furieux deſſeins, adieu je m'é-
loigne & ſurtout ne dis point à Liſette,
que je ſuis ici.

LUBIN.

Je vas donc courir après elle, mais faut
que chacun ſoit content, je ſis leur com-
miſſionnaire itou à ces enfans, quand
vous arriverez, leur dirai-je que vous
venez ?

Me. ARGANTE.

Tu ne leur diras pas que c'eſt moi , à cauſe de Dorante qui ne m'attendroit pas; mais ſeulement que c'eſt quelqu'un qui approche, [*à part*] je ne veux pas le mettre entierement au fait.

LUBIN.

Je vous entends , rien que queuqu'un ſans nommer parſonne , je ferai voute affaire , noute maîtreſſe , enfilez le taillis , ſtanpendant que je reſte pour la manigance.

SCENE II.

LUBIN, ERGASTE.

LUBIN.

MOrgué je gaigne bien ma vie avec l'amour de cette jeuneſſe ; bon à l'autre, qu'eſt-ce qu'il viant roder ici ſtila ?

ERGASTE *rêveur.*

Interrogeons ce Payſan , il eſt de la maiſon.

LUBIN *chantant en ſe promenant.*
La la la.

ERGASTE.
Bonjour , l'ami.

LUBIN.

Serviteur, la la.

ERGASTE.

Y a-t'il long-tems que vous êtes ici?

LUBIN.

Il n'y a que l'horloge qui en fçait le compte, moi je n'y regarde pas.

ERGASTE.

Il est brusque.

LUBIN.

Les gens de Paris passont-ils leur chemin queuquefois, restez-vous-là, Monsieur?

ERGASTE.

Peut-être.

LUBIN.

Oh! que nanni, la civilité ne vous le parmet pas.

ERGASTE.

Et d'où vient?

LUBIN.

C'est que vous me portez de l'incommodité, j'ons besoin de ce chemin-ci pour une confarance en cachette.

ERGASTE.

Je te laisserai libre, je n'aime à gêner personne; mais dis-moi, connois-tu un nommé Monsieur Dorante.

LUBIN.

LUBIN.

Dorante, oui-da.

ERGASTE.

Il vient quelquefois ici, je penfe, & connoît Mademoifelle Angelique.

LUBIN.

Pourquoi non, je la connois bian moi.

ERGASTE.

N'eft-ce pas lui que tu attends ?

LUBIN.

C'eft à moi à fçavoir ça tout feul, fi je vous difois oui, nous le fçaurions tous deux.

ERGASTE.

C'eft que j'ai vû de loin un homme qui lui reffembloit.

LUBIN.

Eh bien, cette reffemblance, ne faut pas que vous l'apparceviez de près fi vous êtes honnête.

ERGASTE.

Sans doute, mais j'ai compris d'abord qu'il étoit amoureux d'Angelique, & je ne me fuis approché de toi que pour en être mieux inftruit.

LUBIN.

Mieux, eh par la fambille allez donc oublier ce que vous fçavez déja, com‑

H

ment inftruire un homme qui eft auffi
fçavant que moi.

ERGASTE.

Je ne te demande plus rien.

LUBIN.

Voyez qu'il a de peine, gageons que
vous fçavez itou qu'alle eft amoureufe
de ly.

ERGASTE.

Non, mais je l'apprens.

LUBIN.

Oui, parce que vous le fçaviez, mais
tranfportez-vous pu loin, faites li place,
& gardez le fecret, Monfieur, ça eft de
conféquence.

ERGASTE.

Volontiers je te laiffe.

Il fort.

LUBIN *le voyant partir.*

Queu forcier d'homme, dame s'il n'i-
gnore de rin, ce n'eft pas ma faute.

SCENE III.

DORANTE, LUBIN.

LUBIN.

BOn, vous êtes homme de parole, mais dites-moi, avez-vous souvenance de connoître un certain Monfieur Ergafte qui a l'air d'être gelé, & qu'on diroit qu'il ne va ni ne groüille quand il marche.

DORANTE.

Un homme ferieux?

LUBIN.

Oh! fi férieux que j'en fis tout trifte.

DORANTE.

Vraiment oüi, je le connois, s'il s'appelle Ergafte; eft-ce qu'il eft ici?

LUBIN.

Il y étoit tout préfentement; mais je l'y avons finement parfuadé d'aller être ailleurs.

DORANTE.

Explique toi, Lubin, que fait-il ici?

LUBIN.

Oh! j'arniguenne, ne m'amufez pas je n'ons pas le tems de vous accoûter di-

H ij

re, je fis preffé d'aller avartir Angelique, ne defmarez pas.

DORANTE.

Mais, dis-moi auparavant...

LUBIN *en colere*.

Tantôt je ferai le récit de ça, pargué, allez jons bien le tems de lantarner de la maniere.   *Il fort.*

SCENE IV.

ERGASTE, DORANTE.

DORANTE *un moment feul*.

ERgafte dit-il; connoît-il Angelique dans ce pays-ci?

ERGASTE *rêvant*.

C'eft Dorante lui-même.

DORANTE.

Le voici. Me trompai-je, eft-ce vous, Monfieur?

ERGASTE.

Oui, mon neveu.

DORANTE.

Par quelle avanture vous trouvai-je dans ce pays-ci?

ERGASTE.

J'y ai quelques amis que j'y fuis venu voir; mais qui venez-vous faire vous-même, vous m'avez tout l'air d'y être en bonne fortune, je viens de vous y voir parler à un domeſtique, qui vous apporte quelque réponſe, ou qui vous y ménage quelque entrevûë.

DORANTE.

Je ferois ſcrupule de vous rien déguiſer, il y eſt queſtion d'amour, Monſieur, j'en conviens.

ERGASTE.

Je m'en doutois, on parle ici d'une très-aimable fille, qui s'appelle Angelique; eſt-ce à elle à qui s'adreſſent vos vœux?

DORANTE.

C'eſt à elle-même.

ERGASTE.

Vous avez donc accès chez la mere?

DORANTE.

Point du tout, je ne la connois pas, & c'eſt par hazard que j'ai vû ſa fille.

ERGASTE.

Cet engagement-là ne vous réuſſira pas, Dorante, vous y perdez votre tems, car Angelique eſt extrêmement riche, on ne la donnera pas à un homme ſans bien.

DORANTE.

Auſſi la quitterois-je, s'il n'y avoit

que fon bien qui m'arrêtât, mais je l'aime , & j'ai le bonheur d'en être aimé.

ERGASTE.

Vous l'a-t'elle dit pofitivement ?

DORANTE.

Oui , je fuis fûr de fon cœur.

ERGASTE.

C'eft beaucoup, mais il vous refte encore un autre inconvenient , c'eft qu'on
dit que fa mere a pour elle aftuellement
un riche parti en vûë.

DORANTE.

Je ne le fçai que trop, Angelique m'en
a inftruit.

ERGASTE.

Et dans quelle difpofition eft-elle là-
deffus ?

DORANTE.

Elle eft au defefpoir ; eh , dit-on quel
homme eft ce Rival ?

ERGASTE.

Je le connois , c'eft un honnête homme.

DORANTE.

Il faut du moins qu'il foit bien peu délicat , s'il époufe une fille qui ne pourra
le fouffrir; & puifque vous le connoiffez,
Monfieur , ce feroit en verité lui rendre

ſervice auſſi-bien qu'à moi, que de lui apprendre combien on le hait d'avance.

ERGASTE.

Mais on prétend qu'il s'en doute un peu.

DORANTE.

Il s'en doute, & ne ſe retire pas, ce n'eſt pas là un homme eſtimable.

ERGASTE.

Vous ne ſçavez pas encore le parti qu'il prendra.

DORANTE.

Si Angelique veut m'en croire, je ne le craindrai plus ; mais quoiqu'il arrive, il ne peut l'épouſer qu'en m'ôtant la vie.

ERGASTE.

Du caractere dont je le connois, je ne crois pas qu'il voulût vous ôter la vôtre, ni que vous fuſſiez d'humeur à attaquer la ſienne ; & ſi vous lui diſiez poliment vos raiſons, je ſuis perſuadé qu'il y auroit égard ; voulez-vous le voir ?

DORANTE.

C'eſt riſquer beaucoup, peut être avez-vous meilleure opinion de lui, qu'il ne le mérite. S'il alloit me trahir, & d'ailleurs où le trouver ?

ERGASTE.

Oh, rien de plus aiſé, car le voilà

tout porté pour vous entendre.

DORANTE.

Quoi ? c'eſt vous, Monſieur!

ERGASTE.

Vous l'avez dit, mon neveu.

DORANTE.

Je ſuis confus de ce qui m'eſt échappé, & vous avez raiſon, votre vie eſt bien en ſûreté.

ERGASTE.

La vôtre ne court pas plus de hazard comme vous voyez.

DORANTE.

Elle eſt plus à vous qu'à moi, je vous dois tout, & je ne diſpute plus Angelique.

ERGASTE.

L'attendez-vous ici ?

DORANTE.

Oui, Monſieur, elle doit y venir, mais je ne la verrai que pour lui apprendre l'impoſſibilité où je ſuis de la revoir davantage.

ERGASTE.

Point du tout, allez votre chemin, ma façon d'aimer eſt plus tranquille que la vôtre, j'en ſuis plus le maître, & je me ſens touché de ce que vous me dites.

DORANTE.

DORANTE.

Quoi? vous me laiſſez la liberté de
pourſuivre ?

ERGASTE.

Liberté toute entiere, continuez, vous
dis-je , faites comme ſi vous ne m'aviez
pas vû , & ne dites ici à perſonne qui
je ſuis, je vous le défens bien. Voici Angelique , elle ne m'apperçoit pas encore ,
je vais lui dire un mot en paſſant, ne vous
allarmez point.

─────────────

SCENE V.

ERGASTE, ANGELIQUE *qui*
s'eſt approchée , mais qui apperecvant
Ergaſte , veut ſe retirer.

ERGASTE.

CE n'eſt pas la peine de vous retirer ,
Madame , je ſuis inſtruit , je ſçais
que Monſieur vous aime, qu'il n'eſt qu'un
Cadet , Lubin m'a tout dit , & mon parti eſt pris. Adieu , Madame.   *Il ſort.*

I

SCENE VI.

DORANTE, ANGELIQUE.

DORANTE.

VOilà notre secret découvert, cet homme-là pour se venger, va tout dire à votre mere.

ANGELIQUE.

Et malheureusement il a du crédit sur son esprit.

DORANTE.

Il y a apparence que nous nous voïons ici pour la derniere fois, Angelique.

ANGELIQUE.

Je n'en sçais rien, pourquoi Ergaste se trouve-t'il ici? (*à part.*) Ma mere auroit-elle quelque dessein?

DORANTE.

Tout est desesperé, le tems nous presse. Je finis par un mot, m'aimez-vous, m'estimez-vous?

ANGELIQUE.

Si je vous aime, vous dites que le tems presse, & vous faites des questions inutiles.

DORANTE.

Achevez de m'en convaincre; j'ai une chaise au bout de la grande allée, là Dame dont je vous ai parlé, & dont la maison eft à un quart de lieuë d'ici, nous attend dans le Village, hâtons-nous de l'aller trouver, & vous rendez chez elle.

ANGELIQUE.

Dorante ne fongez plus à cela, je vous le défens.

DORANTE.

Vous voulez donc me dire un éternel adieu ?

ANGELIQUE.

Encore une fois je vous le défens, mettez-vous dans l'efprit que fi vous aviez le malheur de me perfuader, je ferois inconfolable; je dis le malheur ; car n'en feroit-ce pas un pour vous de me voir dans cet état, je crois qu'oui, ainfi qu'il n'en foit plus queftion ; ne nous effrayons point, nous avons une reffource.

DORANTE.

Eh quelle eft-elle ?

ANGELIQUE.

Sçavez-vous à quoi je me fuis enga-gée ? à vous montrer à une Dame de mes parentes.

DORANTE.

De vos parentes.

ANGELIQUE.

Oui, je fuis fa niéce, & elle va venir ici.

DORANTE.

Et vous lui avez confié notre amour ?

ANGELIQUE.

Oui.

DORANTE.

Et jufqu'où l'avez-vous inftruite ?

ANGELIQUE.

Je lui ai tout conté pour avoir fon avis.

DORANTE.

Quoi ! la fuite même que je vous ai ropofée ?

ANGELIQUE.

Quand on ouvre fon cœur aux gens, leur cache-t-on quelque chofe ? tout ce que j'ai mal fait, c'eft que je ne lui ai pas paru effrayée de votre propofition autant qu'il le falloit ; voilà ce qui m'inquiéte.

DORANTE.

Et vous appellez cela une reffource ?

ANGELIQUE.

Pas trop, cela eft équivoque, je ne fçais plus que penfer.

DORANTE.

Et vous héfitez encore de me fuivre ?

ANGELIQUE.

Non feulement j'hefite, mais je ne le veux point.

DORANTE.

Non, je n'écoute plus rien, venez Angelique au nom de notre amour, venez ne nous quittons plus, fauvez-moi ce que j'aime, confervez-vous un homme qui vous adore.

ANGELIQUE.

De grace laiffez-moi, Dorante, épargnez-moi cette démarche, c'eft abufer de ma tendreffe, en verité refpectez ce que je vous dis.

DORANTE.

Vous nous avez trahis, il ne nous refte qu'un moment à nous voir, & ce moment décide de tout.

ANGELIQUE *combattuë*.

Dorante, je ne fçaurois m'y réfoudre.

DORANTE.

Il faut donc vous quitter pour jamais.

ANGELIQUE.

Quelle perfécution !! je n'ai point Lifette, & je fuis fans confeil.

I iij

DORANTE.

Ah ! vous ne m'aimez point.

ANGELIQUE.

Pouvez-vous le dire ?

SCENE VII.

DORANTE, ANGELIQUE, LUBIN.

LUBIN *paſſant au milieu d'eux ſans s'arrêter.*

PRenez garde, reboutez le propos à une autre fois, voici queuqu'un.

DORANTE.

Et qui.

LUBIN.

Queuqu'un, qui eſt fait comme une mere.

DORANTE *fuyant avec Lubin.*

Votre mere, adieu Angelique, je l'avois prévû, il n'y a plus d'eſperance.

ANGELIQUE *voulant le retenir.*

Non, je crois qu'il ſe trompe, c'eſt ma parente, il ne m'écoute point, que ferai-je ? je ne ſçais où j'en ſuis.

SCENE VIII.

Me. ARGANTE, ANGELIQUE.

ANGELIQUE *allant à sa mere.*

AH ! ma mere.

Me. ARGANTE.

Qu'as-tu donc ma fille, d'où vient
que tu es si troublée?

ANGELIQUE.

Ne me quittez point, secourez-moi,
je ne me reconnois plus.

Me. ARGANTE.

Te secourir, & contre qui ma chere
fille.

ANGELIQUE.

Hélas ! contre moi, contre Dorante,
& contre vous, qui nous séparerez peut-
être. Lubin est venu dire que c'étoit
vous; Dorante s'est sauvé, il se meurt,
& je vous conjure qu'on le r'appelle,
puisque vous voulez lui parler.

Me. ARGANTE.

Sa franchise me pénétre, oui, je te
l'ai promis, & j'y consens, qu'on le
r'appelle, je veux devant toi le forcer

lui-même à convenir de l'indignité qu'il te propofoit.

Elle appelle Lubin.

Lubin, cherche Dorante, & dis lui que je l'attens ici avec ma niéce.

L U B I N.

Votre niéce, eft-ce que vous êtes itou la tante de voute fille ?

Il fort.

Me. A R G A N T E.

Va, ne t'embaraffe point, mais j'apperçois Lifette, c'eft un inconvenient, renvoye-la comme tu pourras avant que Dorante arrive, elle ne me reconnoîtra pas fous cet habit, & je me cache avec ma coëffe.

S C E N E IX.

Me. ARGANTE, ANGELIQUE, LISETTE.

L I S E T T E *à Angelique.*

APparemment que Dorante attend plus loin. *à Madame Argante.* que je ne vous fois point fufpecte, Madame, je fuis du fecret, & vous allez tirer ma Maîtreffe d'une dépendance bien dure &

bien gênante, fa mere auróit infaillible-
ment forcé fon inclination. (*à Angelique.*)
Pour vous, Madame, ne vous faites
pas un monftre de votre fuite, que
peut-on vous reprocher dès que vous
fuyez avec Madame?

Me. A R G A N T E *fe découvrant.*
Retirez-vous.

L I S E T T E *fuyant.*
Oh!

Me. A R G A N T E.
C'étoit le plus court pour nous en dé-
faire.

A N G E L I Q U E.
Voici Dorante, je friffonne : ah! ma
mere, fongez que je me fuis ôté tous les
moyens de vous déplaire, & que cette penfée vous attendriffe un peu pour
nous.

S C E N E X.

D O R A N T E, Me. A R G A N T E, A N G E L I Q U E, L U B I N.

A N G E L I Q U E.

APprochez Dorante, Madame n'a
que de bonnes intentions, je vous
ai dit que j'étois fa niéce.

DORANTE *saluant.*

Je vous croyois avec Madame votre
mere.

Me. ARGANTE.

C'eſt Lubin qui s'eſt mal expliqué
d'abord.

DORANTE.

Mais ne viendra-t'elle pas?

Me. ARGANTE.

Lubin y prendra garde, retire-toi, &
nous avertis ſi Madame Argante arrive.

LUBIN *riant par intervalle.*

Madame Argante, allez, allez n'a-
prehendez rin pou, je la défie de vous
ſurprendre, alle pourra arriver ſi le guia-
ble s'en mêle.

Il ſort en riant.

SCENE XI.

Me. ARGANTE, ANGELIQUE. DORANTE.

Me. ARGANTE

EH bien, Monſieur, ma niéce m'a
tout conté, raſſurez-vous : il me

paroît que vous êtes inquiet.

DORANTE.

J'avouë, Madame, que votre préfence m'a d'abord un peu troublé.

ANGELIQUE à part.

Comment le trouvez-vous, ma mere?

Me. ARGANTE à part le premier mot.

Doucement. Je ne viens ici que pour écouter vos raifons fur l'enlevement dont vous parlez à ma niéce.

DORANTE.

Un enlevement eft effrayant, Madame, mais le defefpoir de perdre ce qu'on aime rend bien des chofes pardonnables.

ANGELIQUE.

Il n'a pas trop infifté, je fuis obligée de le dire.

DORANTE.

Il eft certain qu'on ne confentira pas à nous unir, ma naiffance eft égale à celle d'Angelique, mais la difference de nos fortunes ne me laiffe rien à efperer de fa mere.

Me. ARGANTE.

Prenez-garde, Monfieur, votre defefpoir de la perdre pourroit être fufpect d'interêt ; & quand vous dites que non, faut-il vous en croire fur votre parole ?

DORANTE.

Ah! Madame, qu'on retienne tout fon bien, qu'on me mette hors d'état de l'avoir jamais, le ciel me puniffe fi j'y fonge.

ANGELIQUE.

Il m'a toûjours parlé de même.

Me. ARGANTE.

Ne nous interrompez point, ma niéce, *(à Dorante)* L'amour feul vous fait agir, foit; mais vous êtes, m'a-t'on dit, un honnête homme, & un honnête homme aime autrement qu'un autre; le plus violent amour ne lui confeille jamais rien qui puiffe tourner à la honte de fa Maîtreffe; vous-voyez, reconnoiffez-vous à ce que je dis-là, vous qui voulez engager Angelique à une démarche auffi deshonorante?

ANGELIQUE *à part.*

Ceci commence mal.

Me. ARGANTE.

Pouvez-vous être content de votre cœur; & fuppofons qu'elle vous aime, le méritez-vous? je ne viens point ici pour me fâcher, & vous avez la liberté de me répondre, mais n'eft-elle pas bien à plaindre d'aimer un homme auffi peu jaloux de fa gloire, auffi peu touché des

intérêts de sa vertu , qui ne se sert de sa
tendresse que pour égarer sa raison , que
pour lui fermer les yeux surtout ce
qu'elle se doit à elle-même , que pour
l'étourdir sur l'affront irréparable qu'elle
va se faire , appellez-vous cela de l'a-
mour , & la puniriez-vous plus cruelle-
ment du sien si vous étiez son ennemi
mortel ?

DORANTE.

Madame , permettez-moi de vous le
dire , je ne vois rien dans mon cœur qui
ressemble à ce que je viens d'entendre ,
un amour infini , un respect qui m'est
peut-être encore plus cher & plus précieux
que cet amour même , voilà tout ce que
je sens pour Angélique , je suis d'ailleurs incapable de manquer d'honneur ,
mais il y a des reflexions austeres qu'on
n'est point en état de faire quand on aime , un enlevement n'est pas un crime ,
c'est une irrégularité que le mariage
efface , nous nous serions donné notre
foi mutuelle , & Angelique ne me sui-
vant n'auroit fui qu'avec son Epoux.

ANGELIQUE à part.

Elle ne se payera pas de ces raisons-là

Mc. ARGANTE.

Son Epoux , Monsieur , suffit-il d'en

prendre le nom pour l'être, & de quel poids s'il vous plaît seroit cette foi mutuelle dont vous parlez, vous vous croiriez donc mariés, parce que dans l'étourderie d'un transport amoureux, il vous auroit plû de vous dire, nous le sommes? les passions seroient bien à leur aise si leur emportement rendoit tout légitime.

ANGELIQUE.

Juste ciel?

Me. ARGANTE.

Songez-vous que de pareils engagemens deshonorent une fille ! que sa réputation en demeure ternie, qu'elle en perd l'estime publique, que son époux peut refléchir un jour qu'elle a manqué de vertu, & que la foiblesse honteuse où elle est tombée, doit la flétrir à ses yeux-mêmes, & la lui rendre méprisable?

ANGELIQUE *vivement*.

Ah Dorante, que vous étiez coupable ! Madame, je me livre à vous, à vos conseils, conduisez-moi, ordonnez, que faut-il que je devienne, vous êtes la-Maîtresse, je fais moins de cas de la vie que des lumiéres que vous venez de me donner ; & vous Dorante, tout ce que je puis à présent pour vous, c'est de vous pardonner une propofition qui doit vous paroître affreufe.

DORANTE.

N'en doutez-pas, chere Angelique, oüi je me rends, je la defavouë, ce n'eft pas la crainte de voir diminuer mon eftime pour vous qui me frappe, je fuis fûr que cela n'eft pas poffible, c'eft l'horreur de penfer que les autres ne vous eftimeroient plus, qui m'effraye ; oüi je le comprends, le danger eft fûr, Madame vient de m'éclaircir à mon tour, je vous perdrois, & qu'eft-ce que c'eft que mon amour & fes interêts auprès d'un malheur auffi terrible ?

Me. ARGANTE.

Et d'un malheur qui auroit entraîné la mort d'Angelique, parce que fa mere n'auroit pû le fuporter.

ANGELIQUE.

Hélas jugez combien je dois l'aimer, cette mere, rien ne nous a gênez dans nos entrevûës ; eh bien Dorante, apprenez qu'elle les fçavoit toutes, que je l'ai inftruite de votre amour, du mien, de vos deffeins, de mes irréfolutions.

DORANTE.

Qu'entens-je ?

ANGELIQUE.

Oüi je l'avois inſtruite , ſes bontez ,
ſes tendreſſes m'y avoient obligée , elle
à éte ma confidente , mon amie , elle n'a
jamais gardé que le droit de me conſeil-
ler , elle ne s'eſt repoſé de ma condui-
te que ſur ma tendreſſe pour elle , &
m'a laiſſé la maîtreſſe de tout , il n'a tenu qu'à moi de vous ſuivre , d'être une
ingrate envers elle , de l'affliger impuné-
ment , parce qu'elle avoit promis que je
ſerois libre.

DORANTE.

Quel reſpectable portrait me faites-
vous d'elle , tout amant que je ſuis vous
me mettez dans ſes interêts même , je me
range de ſon parti , & me regarderois
comme le plus indigne des hommes ſi
j'avois pû détruire une auſſi belle , auſſi
vertueuſe union que la vôtre.

ANGELIQUE *à part.*

Ah ma mere, lui dirai-je qui vous êtes.

DORANTE.

Oüi, belle Aegelique, vous avez raiſon,
abandonnez-vous toûjours à ces mêmes
bontez qui m'étonnent , & que j'admire,
continuez de les mériter , je vous y ex-
horte , que mon amour y perde ou non,

vous

vous le devez, je serois au desespoir si je l'avois emporté sur elle.

Mᵉ. ARGANTE *aprés avoir rêvé quelque tems.*

Ma fille, je vous permets d'aimer Dorante.

DORANTE.

Vous, Madame, la mere d'Angelique !

ANGELIQUE.

C'est-elle-même, en connoissez-vous qui lui ressemble ?

DORANTE.

Je suis si pénétré de respect...

Mᵉ. ARGANTE.

Arrêtez, voici Monsieur Ergaste.

SCENE DERNIERE.

ERGASTE, *Acteurs susdits.*

ERGASTE.

Madame, quelques affaires pressantes me rappellent à Paris, mon mariage avec Angelique étoit comme arrêté, mais j'ai fait quelques réflexions, je craindrois qu'elle ne m'épousât par pure obéissance, & je vous remets votre parole ; ce n'est pas tout, j'ai un époux

K

à vous propofer pour Angélique , un jeune homme riche & eſtimé , elle peut avoir le cœur prévenu , mais n'importe.

ANGELIQUE.

Je vous ſuis obligé , Monſieur , ma mere n'eſt pas preſſée de me marier.

Me. ARGANTE.

Mon parti eſt pris , Monſieur, j'accorde ma fille à Dorante que vous voyez , il n'eſt pas riche , mais il vient de me montrer un caractere qui me charme , & qui fera le bonheur d'Angelique ; Dorante je ne veux que le temps de ſçavoir qui vous êtes.

DORANTE *veut ſe jetter aux genoux de Madame Argante qui le releve.*

ERGASTE.

Je vais vous le dire , Madame, c'eſt mon neveu , le jeune homme dont je vous parle , & à qui j'aſſure tout mon bien !

Me. ARGANTE.

Votre neveu ?

ANGELIQUE *à Dorante à part.*

Ah que nous avons d'excuſes à lui faire ?

DORANTE.

Eh ! Monſieur , comment payer vos bienfaits.

ERGASTE.

Point de remercimens : ne vous avois-je pas promis qu'Angelique n'épouseroit pas un homme fans bien ; je n'ai plus qu'une chofe à dire, j'intercede pour Lifette, & je demande fa grace.

Me. ARGANTE.

Je lui pardonne, que nos jeunes gens la récompenfent, mais qu'ils s'en défaffent.

LUBIN.

Et moi pour bian faire, faut qu'en me récompenfe, & qu'en me garde.

Me. ARGANTE.

Je t'accorde les deux.

Fin de la Comédie.

APPROBATION.

J'Ai lû par ordre de Monseigneur le Garde des Sceaux, un manuscrit intitulé : *La Mere Confidente*. Le sentiment si bien traité dans cette Comédie, dont l'idée est très-heureuse, ne pouvoit manquer de plaire au public, qui, à l'honneur de son goût, s'attache de plus en plus aux piéces de ce genre ; ainsi l'on voit avec plaisir, que l'Auteur continue de faire trouver un interêt noble, attendrissant & délicat, même sur un Théâtre, consacré au seul délassement de l'esprit. A Paris ce 23. May 1735. DUVAL.

PRIVILEGE DU ROI.

LOUIS, par la grace de Dieu, Roi de France & de Navarre : A nos amés & feaux Conseillers les gens tenans nos Cours de Parlement, Maîtres des Requêtes ordinaires de notre Hôtel, Grand Conseil, Prevôt de Paris, Baillis, Sénéchaux, leurs Lieutenans Civils, & autres nos Justiciers qu'il appartiendra, SALUT. Notre bien-amé LAURENT - FRANÇOIS

PRAULT, Libraire à Paris, Nous ayant fait remontrer qu'il fouhaiteroit faire imprimer, & donner au Public, *La Mere Confidente, Comédie; Préface de l'Aphrodifiacus, ou Syftême du Sieur Boërhaave fur les Maladies Veneriennes, traduit en François par le fieur .... Docteur en Medecine, avec des Notes, & une Differtation du Traducteur fur l'Origine & la Nature de cette Maladie; Memoires du fieur le Marquis de Fieux;* s'il nous plaifoit lui accorder nos Lettres de Privilege fur ce neceffaires; offrant pour cet effet de les faire imprimer en bon papier & beaux caracteres fuivant la feüille imprimée & attachée pour modelle fous le contre-fcel des Préfentes. A CES CAUSES, voulant traiter favorablement ledit expofant, Nous lui avons permis & permettons par ces Préfentes de faire imprimer lefdits Livres ci-deffus fpécifiés, en un ou plufieurs volumes, conjointement ou feparément, & autant de fois que bon lui femblera fur papier & caracteres conformes à ladite feüille imprimée & attachée fous notredit contre-fcel, & de les vendre, faire vendre & débiter par tout notre Royaume, pendant le tems de fix années confécutives, à compter du jour de la date defdites Préfentes; Faifons dé-

fenfes à toutes perfonnes de quelque qualité & condition qu'elles foient , d'en
introduire d'impreffion étrangére dans
aucun lieu de notre obéïffance ; comme
auffi à tous Libraires , Imprimeurs & autres, d'imprimer, faire imprimer , vendre ,
faire vendre & débiter , ni contrefaire lefdits Livres ci-deffus expofés , en tout ni
en partie , ni d'en faire aucuns Extraits ,
fous quelque prétexte que ce foit , d'aug-
mentation , correction , changement de
titre ou autrement , fans la permiffion ex-
preffe & par écrit dudit Expofant , ou de
ceux qui auront droit de lui , à peine de
confifcation des Exemplaires contrefaits ,
de trois mille livres d'amende contre chacun des contrevenans , dont un tiers à
Nous , un tiers à l'Hôtel-Dieu de Paris ,
l'autre tiers audit Expofant , & de tous
dépens, dommages & intérêts ; à la charge
que ces Préfentes feront enregiftrées tout
au long fur le Regiftre de la Communau-
té des Libraires & Imprimeurs de Paris ,
dans trois mois de la date d'icelles , que
l'impreffion de ces Livres fera faite dans
notre Royaume & non ailleurs , & que
l'impétrant fe conformera en tout aux
Réglemens de la Librairie ; & notam-
ment à celui du 10. Avril 1725. & qu'a-

vant de les expofer en vente, les Manuf-
crits ou Imprimés qui auront fervi de copie à l'impreffion defdits Livres, feront
remis dans le même état où les approba-
tions y auront été données, ès mains de
notre très-cher & féal Chevalier Garde des
Sceaux de France le Sieur CHAUVELIN; &
qu'il en fera enfuite remis deuExxemplaires
de chacun dans notre Bibliotheque publique, un dans celle de notre Château du
Louvre, & un dans celle de notredit très-
cher & féal Chevalier Garde des Sceaux
de France le Sieur CHAUVELIN; le
tout à peine de nullité des Préfentes. Du
contenu defquelles, vous mandons &
enjoignons de faire joüir l'Expofant ou
fes ayans-caufe, pleinement & paifible-
ment, fans fouffrir qu'il leur foit fait aucun trouble ou empêchement : Voulons
que la copie defdites Préfentes qui fera
imprimée tout au long au commence-
ment ou à la fin defdits Livres, foit tenue
pour dûement fignifiée, & qu'aux copies
collationnées par l'un de nos amés &
féaux Confeillers & Secretaires, foi foit
ajoûtée comme à l'Original. Comman-
dons au premier notre Huiffier ou Sergent
de faire pour l'exécution d'icelles tous
actes requis & néceffaires, fans demander autre permiffion & nonobftant cla-

meur de Haro, Chartre Normande & Lettres à ce contraires. CAR tel est notre plaisir. DONNE' à Versailles le dixiéme jour du mois de Juin l'an de grace mil sept cens trente cinq ; & de notre Regne le vingtiéme, Par le Roi en son Conseil, *Signé.* S A I N S O N.

Registré sur le Registre IX. de la Chambre Royale & Syndicale des Libaires & Imprimeurs de Paris, No. 121. fol. 103. conformément aux anciens Reglemens, confirmez par celui du 28. Février 1723. A Paris ce 12. Juin 1735. Signé, G. MARTIN, *Syndic.*

www.ingramcontent.com/pod-product-compliance
Lightning Source LLC
Chambersburg PA
CBHW060606100426
42744CB00008B/1330